Ergün Sönmez

DIE TÜRKEI – EG

Die Türkei als ein an die EG assoziiertes Land
und die Probleme einer Vollmitgliedschaft

VWB - Verlag für Wissenschaft und Bildung

Die Deutsche Bibliothek – CIP-Einheitsaufnahme

Sönmez, Ergün:
Die Türkei, EG : die Türkei als ein an die EG assoziiertes Land
und die Probleme einer Vollmitgliedschaft / Ergün Sönmez. -
Berlin : VWB, Verl. für Wiss. und Bildung, 1994
ISBN 3-86135-010-6

Verlag und Vertrieb:
VWB - Verlag für Wissenschaft und Bildung
Amand Aglaster • Postfach 11 03 68 • 10833 Berlin
Markgrafenstr. 67 • 10969 Berlin
Tel. 030/251 04 15 • Fax 030/251 04 12

Titelabbildung:
Ergün Sönmez

Druck:
GAM-Media GmbH, Berlin

Die Türkei -EG

Die Türkei als ein an die EG assoziiertes Land und die Probleme einer Vollmitgliedschaft

Vorwort

Dieses Buch ist eine Erweiterung und Vervollständigung meiner im Februar 1985 herausgegeben Arbeit *"Die Türkei von Atatürk bis heute".* Ergänzt worde ist es vor allem mit einem allgemeinen historischen Überblick und einer Aktualisierung der Vollmitgliedschaftsprobleme der Türkei an die EG.

Mir ging es vor allem darum, die Ursachen aufzuzeigen, warum eine Demokratisierung und Entwicklung der Türkei immer wieder verhindert wird. Dies hängt wesentlich mit der Doppelstrategie der einheimischen wie ausländischen reaktionär-konservativen Kräfte zusammen.

Die Arbeit richtet sich besonders an die deutschsprachigen deutschen Türken und an die Deutschsprachige, die sich über die Türkei informieren wollen.

Hiermit bedanke ich mich bei meiner Arbeitskollegin Sabine Kraft für ihre sprachliche Unterstützung

I. Kapitel
Allgemeiner und historischer Überblick

1. Allgemeiner Überblick

Republik Türkei (Türkiye Cumhuriyeti)

Hauptstadt:	Ankara, ca. 5 Mio Einwohner
(Stand 1992)	
Amtssprache:	Türkisch
Währung:	Türkische Lira (Türk Lirasi=TL)
	1 TL= 100 Kurus
	1 DM=8.500 TL (1993)

Staat in Westasien und im Südosten Europas, aufgeteilt in 7 Regionen

Einwohner:	ca. 60 Millionen (Stand 1992)
Fläche:	779.442 Quadratkilometer
	(davon 3% in Europa)
Bevölkerungsdichte:	ca. 76 Einwohner pro
	Quadratkilometer
Lebenserwartung:	55 Jahre bei Frauen
	52 Jahre bei Männern
Analphabeten (6 Jahre und älter):	ca. 30%; nach offiziellen Zahlen 19%
Anteil weiblicher Analphabeten:	ca. 60%
Erwerbstätige Bevölkerung:	ca. 22 Millionen, davon
Selbständige:	5 Millionen
Lohn- und Gehaltsempfänger:	8 Millionen
Bauern und mithelfende Angehörige:	9 Millionen

Verwaltungsgliederung:

Die Türkei ist gegliedert in 75 Provinzen *(il)*, die sich aus 559 Kreisen *(ilce/ kaza)* zusammensetzen, welche wiederum in Unterkreise *(bucak)* bzw. Dörfer unterteilt sind.

Wichtige Städte (Einwohner in Millionen):

Ankara (5)
Istanbul (8)
Izmir (5)
Adana
Bursa
Eskisehir
Gazlantep
Konya
Kayseri

Diyarbakir
Erzurum

Das Staatsgebiet der Türkei erstreckt sich vom 36. bis 42. Grad nördlicher Breite und vom 26. bis 45. Grad östlicher Länge.

Die Gesamtfläche der Türkei umfaßt 779.442 Quadratkilometer. Davon entfallen auf den asiatischen Teil (Kleinasien und Anatolien) 97% und auf den europäischen (Oststhrakien) 3%. Beide Landesteile sind durch den Bosporus, das Marmarameer und die Dardanellen *(Canakkale Bagazi)* voneinander getrennt[1].

Der europäische Landesteil entspricht etwa der Größe Hessens, der asiatische indessen ist drei Mal so groß wie die alte Bundesrepublik.

Wichtige Flüsse: Aras, Yesil Irmak, Kizil Irmak, Sakarya, Goruh, Seyhan, Ceyhan, Frat (Euphrat) und Dicle (Tigris)

Wichtige Seen: Van Gölü (3.713 km2), Tuz Gölü (1.500 km2), Beysehr Gölü (656 km2), Egridir Gölü (468 km2), Iznik Gölü (298 km2), Manyas, Acigöl und Ulubat Gölü

Die Türkei ist ein sehr bergiges Land, das im Nordem vom Pantischen Gebirge (3.937 m) und im Süden vom Randgebirge des Taurus (*Toroslar* 3.734m) begrenzt wird. Die beiden Faltengebirge treffen im Osten der Türkei aufeinander. Aus diesem Grund ist Ostanatolien eine ausgesprochen erdbebengefährdete Region. Das türkische Hochland wird
von erloschenen Vulkanen überragt, deren größter der 5.165 m hohe Ararat *(Agri Dagi)* ist.

Das Klima der Türkei läßt sich in drei große Zonen einteilen:

- an der Nordküste herrscht ein warmes, gemäßigtes Klima mit hohen Niederschlagsmengen, die über das ganze Jahr verteilt sind

- die West- und Südküste zeichnen sich durch mediterranes Klima mit warmen, trockenen Sommern und feuchten Wintern aus. Es handelt sich hier um ein sehr fruchtbares Gebiet mit Mittelmeer-Vegetation

- im Landesinneren der Türkei überwiegt das Kontinentalklima. Die Sommer sind hier sehr heiß und trocken, die Winter dagegen kalt und schneereich.

2. Historischer Überblick

2.1 Die Geschichte der *Turk*-Völker

Die Geschichte der türkischen Völker ist allgemeinen wenig erforscht. Erwähnenswert ist an dieser Stelle die russische und sowjetische Türkologie, die allerdings nur Teilbereiche der türkischen Historie untersuchten.

---

[1]Fur den allgemeinen Uberblick siehe auch die Landkarten.

5

In der Türkei ist die Geschichtsvorstellung stark nationalistisch geprägt. Obwohl vor allem in jüngster Zeit demokratisch gesinnte Wissenschaftler die Historienforschung vorantrieben, sind nach wie vor viele Details unklar geblieben- so z.B die Ereignisse vor dem Jahr 550 oder die Hintergründe der schlechten türkischen Beziehungen zu Armeniern und Kurden.
Um diese und andere Lücken auszufüllen, wäre eine gut funktionierende demokratische Stiftung bzw. ein Forschungsinstitut vonnöten, das die Frühgeschichte frei von chauvinistischen Prämissen, wie sie sich heute in der türkischen Gesellschaft breit gemacht haben, unter die Lupe nehmen würde.

Dennoch gibt es natürlich auch heute unwidersprochene Fakten. So lebten die *Turk*- Völker ursprünglich in Zentralasien. Zum ersten Mal taucht in der Geschichtsschreibung ein türkisches Reich um 550 auf, das von Bumyn Chan *(Bumin Han)* gegründet wurde. Um das Jahr erstreckte es sich über ein Gebiet, das vom Aralsee bis zur Mandschurei reichte. Dreißig Jahre später konstituierte sich am Orchan das Uigurenreich *(Uygur Imparaturlugu)*, über das die Orchaninschriften *(Orhun Aniti, Orhun Abidesi)* von 732 und 735 berichten.

2.2 Türken in Anatolien

Das Uigurenreich brach um das Jahr 840 zusammen, und der größte Teil der türkischen Völker zog nach Westen, vor allem nach Anatolien und die kleinasiatische Landbrücke, die bereits vor unserer Zeitrechnung stark besiedelt war. Anatolien war untergliedert in frühzeitliche Großreiche (Sumerer- *Sümerler*, Hithiter-*Hititler*), denen im 1 Jahrtausend v.u.Z die Reiche der Assyrer, Phrygier, Kimmerier, Lyder und Meder folgten, während gleichzeitig an der Westküste die Kolonisation der Griechen begann.

Etwa in der Zeitspanne vom 3. bis 7. Jahrhundert unserer Zeitrechung wurde Kleinasien zum Kernland des byzantinischen Reiches (Ostrom-*Dagu Roma Imparatorlugu)*. Danach setzt die Ausbreitung des Islam ein.

Im Jahr 1055 gelang es den Seldschuken *(Selcuklar)*, Mesopotamien zu erobern. In der Schlacht bei Manzikert *(Malazgirt)* errang 1071 Alp Arslan einen entscheidenden Sieg über die von Kaiser Romanas IV geführten Byzantiner und öffnete auf diese Weise den Weg nach Kleinasien.

1078 bis 1307 war Konium *(Konya)* die Hauptstadt des Seldschukensultanats. Auch die vom sagenumwobenen Stammvater der Osmanen, Ertoghrul *(Ertugrul)* 1231/88 geführten Verbände waren in Kleinasien eingewandert, wo ihnen der Sultan von Konya die Grenzmark Sakarya mit Doryläum *(Eskisehir)* als Siedlungsgebiet zuwies.

2.3 Die Entstehung und Ausdehnung des Osmanischen Reichs

Das Reich von Konya zerfiel um 1300. Die Turkmenen unter Osman I. (1288 bis 1326) kamen an die Macht. 1326 nahm Osman Brussa *(Bursa)*. Sein Sohn Orchan *(Orhan* 1326 bis 1359) machte den eingenommenen Ort zur Hauptstadt.

SIEBEN REGIONALE

VERWALTUNGSEINTEILUNG

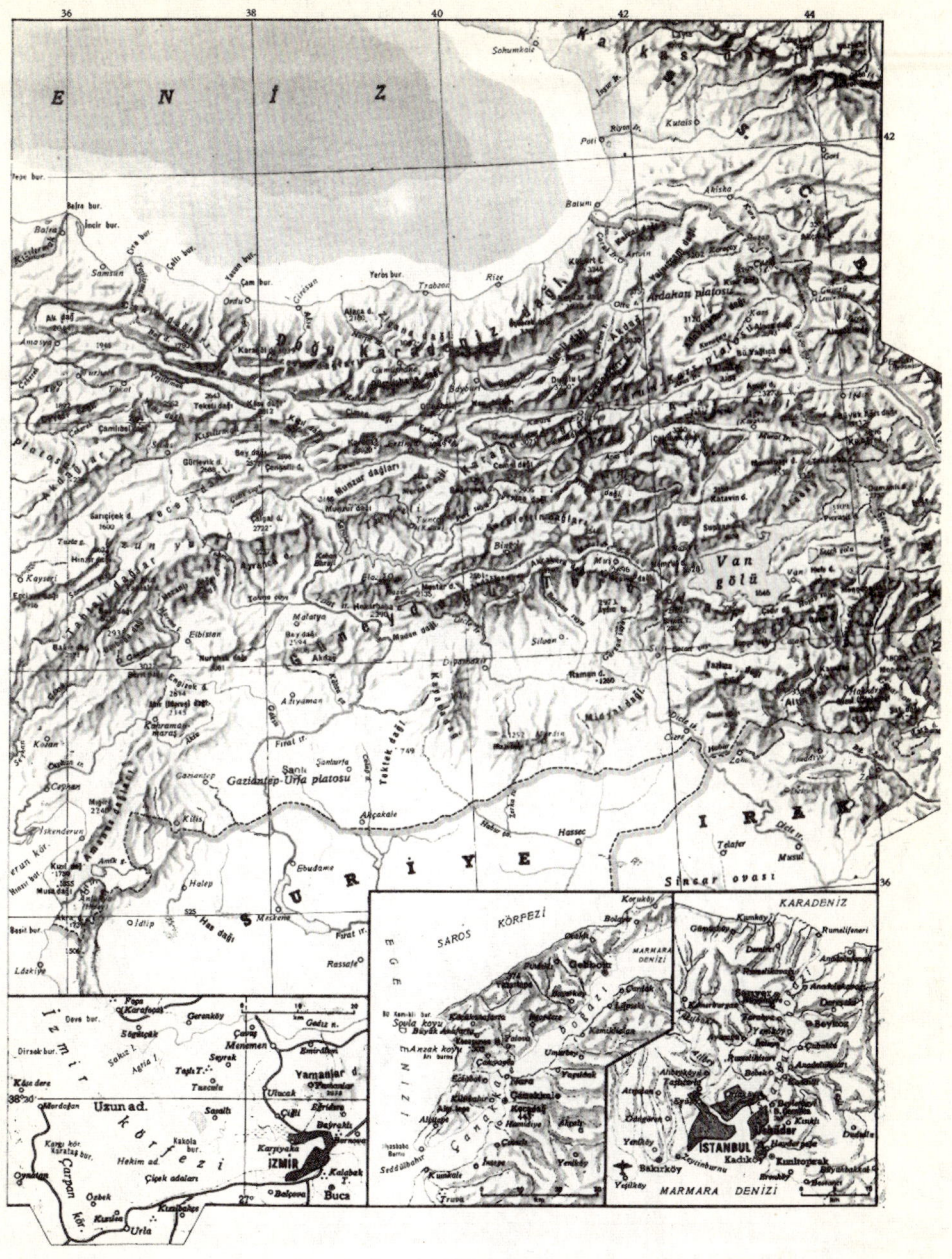

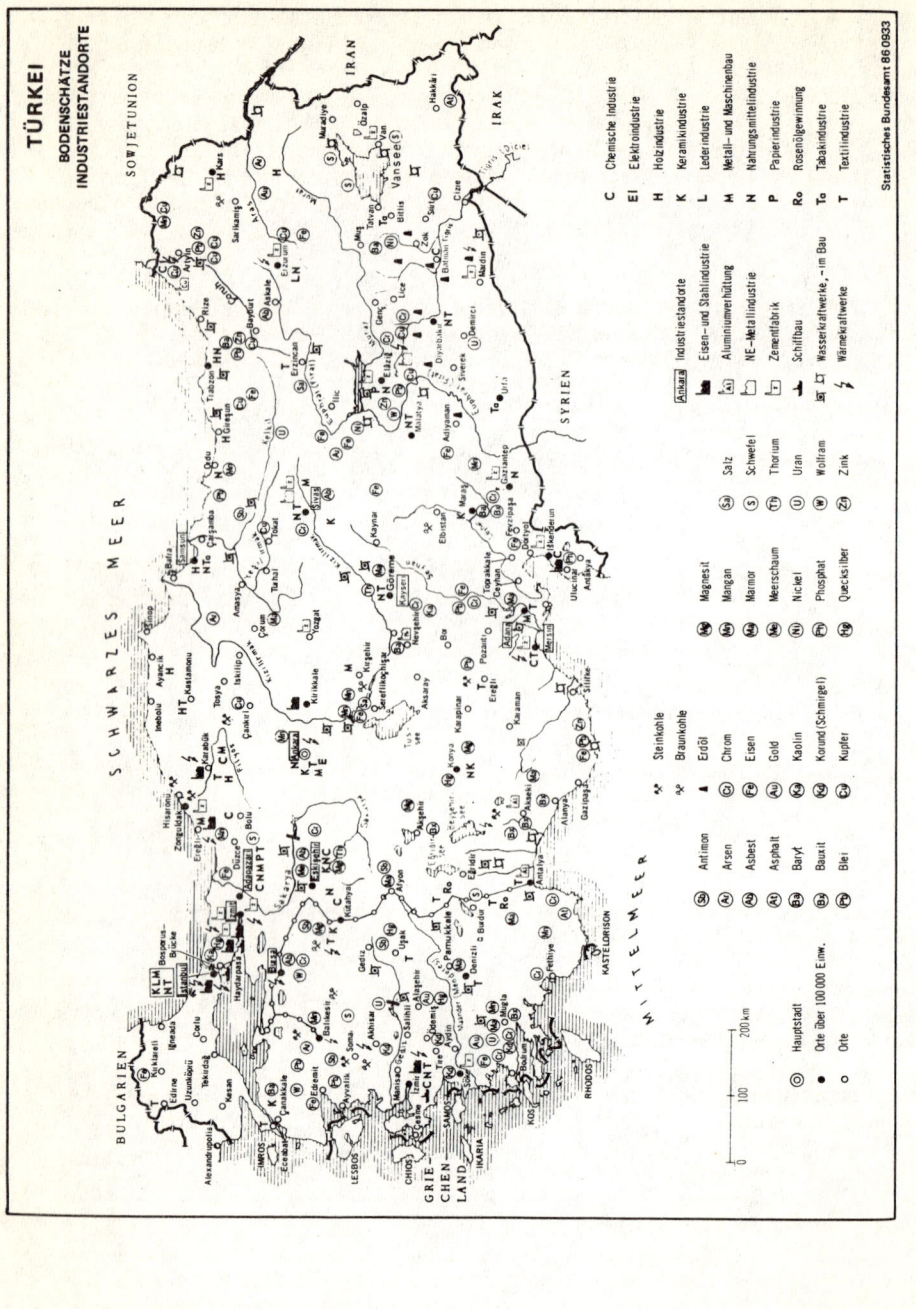

TÜRKEI
BODENSCHÄTZE
INDUSTRIESTANDORTE

Statistisches Bundesamt 86 0933

Im Jahre 1396 siegten die Osmanen über das europäische Kreuzfahrerheer. Die ungarisch-polnischen Kreuzritter wurden sowohl 1444 bei Warna als auch 1448 auf dem Amselfeld geschlagen.

Allmählich kontrollierten die Osmanen somit große Teile der Balkanländer. Unter Mehmet II. (*Fatih Sultan Mehmet, den "Eroberer 1451 bis 1481)* gelang den Osmanen im Jahre 1453 die Eroberung von Konstantinopel (Istanbul, der Hauptstadt bis 1922). Danach fielen weitere Regionen in ihre Hände: Serbien (1459), Griechenland (1461), Bosnien (1463) und Albanien (1479). Die Walachei und das Chanat der Krim wurden 1462 und 1475 zu Vasallenstaaten *(tabi, bagimli devletler)*.

Selim I. (1512 bis 1520) änderte die Politik seiner Vorgänger und wandte sich mehr nach Osten zu. 1514 schlug er bei Tschaldiran *(Galdiran Seferi)* die Perser. Die Osmanen besetzten Armenien und eroberten 1516/17 Mesopotamien, Syrien und Ägypten. Damit war das Osmanische Reich zu einer Weltmacht aufgestiegen. Die größte Ausdehnung erreicht unter Saliman II. (1520-66). Seine Truppen besetzten Belgrad (1521), Rhodos (1522) und Ungarn (1526). Nach der siegreichen Schlacht bei Mohács standen die Türken sogar vor den Toren Wiens. Auch im Inneren vollzog sich eine Festigung der osmanischen Macht. Das Recht wurde kodifiziert, das Lehenswesen (*Derebeylik-agalik sistemi)* reformiert und die Stellung der Nichtmoslems im Reich geregelt.

1533/36 wurden den Franzosen die konsularische Gerichtsbarkeit und der Vorrang beim Levantehandel eingeräumt. 1571 eroberten die Türken Zypern und erlebten ein Jahrhundert der Blütezeit des osmanischen Reiches, das erst 1683 mit der Niederlage vor Wien endete.

2.4 Zerfall des Osmanischen Reiches

Der Zerfall des Reiches wurde von äußeren wie von inneren Faktoren bestimmt. Hauptursachen waren:

1. die Entdeckung des Seeweges nach Indien und der damit verbundene Verlust der Mittlerstellung im Handel;

2. die sprunghafte Entwicklung der Produktivkräfte und der Produktionsverhältnisse, bedingt durch die Entdeckungen und Erfindungen (z.B Druck- und Dampfmaschinen) in Europa. Diesen Veränderungen entsprechend modernisierten sich die Gesellschaften Mittel- und Westeuropas, während die Führungskräfte des Osmanischen Reiches noch voll mit ihrer Expansionspolitik beschäftigt waren;

3. die aus der Silbereinfuhr aus Amerika resultierende Geldentwertung;

4. die wachsende Unzufriedenheit aufgrund der ausbleibenden Kriegsbeute;

5. die bäuerliche Befreiungsbewegung. Die Spahi (Dienstadel) setzten die Erblichkeit der Lehen durch und schwächten so die Position der Zentralgewalt. In

vielen der eroberten Gebiete sorgten die aufständischen Bauern für Schwierigkeiten. Die Provinzen erlangten im 17./18. Jahrhundert weitgehend ihre Unabhängigkeit.

Trotz wiederholter neuerlicher Eroberungsversuche war das Sultanat nicht mehr in der lage, an frühere Erfolge anzuknüpfen und so den Niedergang des Reiches aufzuhalten.

Im 19. Jahrhundert bemühten sich die Herrschenden, den Machtverfall des Staates mit Hilfe von Reformen zu bremsen. Mitte des Jahrhunderts hatte die Reformbewegung *Tanzimat* (wohltätige Anordnung) ihre Anfänge, die sich für mehr Freiheiten und Menschenrechte einsetzte und gegen die absolutistische Sultansherrschaft richtete. Angestrebt wurde eine wachsende "Angleichung an Europa".

Die Bewegung der Jungtürken (Jöntürkler), die sich fast ausschließlich aus Intellektuellen und Offizieren zusammensetzte und somit wenig Verbindungspunkte zur breiten Masse besaß, trat zum einen für eine konstitutionelle Monarchie ein und zum anderen für die Beschränkung des ausländischen Einflusses und für eine staatliche Förderung der Industrie.

Um 1876 konnte Mithart Pascha als Großwesir (was etwa einem Ministerpsäsident entspricht) die erste türkische Verfassung vorlegen (welche eine Übersetzung der belgischen darstellte), die aber kurz darauf bereits wieder außer Kraft gesetzt wurde.

1908 begann unter der Führung von Enver Pascha die Revolution der Jungtürken. eine Gruppe junger Offiziere stürzte Sultan Abdulhamit II. und setzte die Verfassung von 1876 wieder in Kraft.

Im Balkankrieg von 1912/13 verlor die Türkei ihren europäischen Besitz (mit Ausnahme von Adrianopel=Edirne und Istanbul=Trakya).

2.5 Die Beteiligung am ersten Weltkrieg und die Niederlage der Türkei

Im November 1914 trat die Türkei an der Seite der Mittelmächte (Deutschland und Österreich-Ungarn) in den 1. Weltkrieg ein. Die Jungtürken hofften, an deutscher Seite den Krieg zu gewinnen, denn diese schien in ökonomischer und politischer Hinsicht überlegen und verfügte zudem über eine disziplinierte, gut ausgerüstete Armee.

Ziel der Jungtürken war es, den Zerfall des Osmanischen Reiches durch den Kriegsgewinn zu verhindern, und dabei noch einige verlorene Regionen zurückzuerobern. Wenn dies nicht gelang, wollten sie zumindest die bestehenden Grenzen erhalten und das Reich restabilisieren. Die Türkei führte also mit deutscher Unterstützung einen Vier-Fronten-Krieg in folgenden Regionen: auf den Dardanellen, am Suez, in Mesopotamien und an der Ostfront (Armenien,

Aserbaidschan, Persien). Mit dem Waffenstillstandsabkommen vom Oktober 1918 schließlich mußten die Türken bedingungslos kapitulieren.

Am Ende des I. Weltkrieges hatte die Türkei damit empfindlich an Macht eingebüßt: nicht genug damit, daß sie weite Gegenden verloren hatte, selbst diejenigen Gebiete, die ihr geblieben waren, wurden unter den Staaten Großbritannien, USA, Frankreich, Italien und Griechenland aufgeteilt.
Die zaristische Armee hatte bereits 1916 einige Landstriche im Ostteil der Türkei besetzt (Erzurum, Mus, Bitlis, Trabzan und Erzinean). Noch im selben Jahr jedoch eroberte das türkische Heer unter der Leitung von Atatürk Mus und Bitlis zurück.
Das Sykes-Picot-Geheimabkommen zwischen Großbritannien und Frankreich führte 1916 zur Aufteilung des Osmanischen Reiches in imperialistische Einflußsphären. 1917 gingen Bagdad und Jerusalem verloren.

Der Waffenstillstand von Mudros 1918 und das Friedensdiktat von Sevres 1920 sahen vor, das Staatsterritorium der Türkei auf Anatolien und Istanbul zu beschränken, das Land teilweise zu besetzen und die Meerenge am Bosporus sowie die Streitkräfte und Staatsfinanzen vom Ausland kontrollieren zu lassen.

In dieser Situation der totalen Niederlage kristallisierten sich 2 Lager heraus. Dem einen gehörten der Sultan, seine Anhänger und das Großbürgertum an. Für sie ging es um die Sicherung des Überlebens und daher war man bereit, auf das Diktat der imperialistischen Staaten einzugehen. Demgegenüber formierte sich ein Block all jener Kräfte, die ein solches Diktat nicht dulden wollten: das nationale Bürgertum, d.h ein Teil der Handelsbourgeoisie; das schwache Industriebürgertum, das sich größtenteils noch auf Manufakturbetriebe stützte; eine Fraktion des Großgrundbesitzes; die Intelligenz; die Bauernmassen und die zahlenmäßig noch sehr schwache Arbeiterklasse.
Dieser patriotische Block war sehr inhomogen, und wurde allein durch den gemeinsamen Willen geeint, die Unabhängigkeit der Türkei zu bewahren und ihren Ausverkauf an die imperialistischen Mächte zu verhindern.

Zu diesem Zweck bildeten sich örtliche, bewaffnete Partisanengruppen, die einen Guerillakrieg gegen die Besatzungsmächte führten. Eine wichtige Rolle in diesem Kampf um die Unabhängigkeit spielte die *Grüne Armee*, die unter dem Einfluß der 1920 gegründeten Kommunistischen Partei stand. Sie operierte neben der von Mustafa Kemal Pasa (später *Atatürk= Vater der Türken)* und Ismet Pasa (später: *Inönü)* geführten, offiziellen Armee. Auf der Grundlage dieser Partisaneneinheiten wurden versucht, eine neues Heer, eine Volksbefreiungsarmee aufzubauen, was jedoch von den führenden bürgerlichen Kräften im Befreiungskrieg verhindert wurde. Nach drei Jahren Dauer endete der antiimperialistische Unabhängigkeitskrieg 1922.

2.6 Die Atatürk-Ära und die Befreiungskriege

Mustafa Kemal Atatürk (1881-1938) wurde in Saloniki (im heutigen Griechenland) als Sohn einer Bauerstochter und eines Zollbeamten geboren. Sein Vater starb früh. Mustafa Kemal wählte daraufhin die Offizierslaufbahn, die ihn 1908, als Teilnehmer der Jungtürkischen Revolution, zur Politik brachte. Sein Engagement bei den Jungtürken blieb jedoch von kurzer Dauer.

Als intelligenter, fleißiger und patriotischer Soldat geachtet, rückte er aufgrund seiner Verdienste im I.Weltkrieg zum General auf und erwarb schließlich die Paschawürde.

Mit der Besetzung der Türkei widmete er sich der Organisierung des Widerstandes. Am 19. Mai 1919 landete Kemal Atatürk heimlich in Samsun. Unter seinem Vorsitz fanden die Kongresse der antiimperialistischen Kräfte statt. im Juli/August 1919 in Erzurum der Kongreß der *Gesellschaft zur Verteidigung der Rechte Ostanatoliens* und im September/Oktober 1920 in Sivas der Kongreß der *Vereinigung zur Verteidigung der Rechte Anatoliens und Rumeliens*[2], die sich1923 in *Republikanische Volkspartei* CHP umbenannte.

Ende 1919 wurde der Sitz des Repräsentativkomitees, das in Erzurum unter dem Vorsitz Atatürks gewählt worden war, nach Ankara verlegt und in einem *Nationalpakt* ein Minimalprogramm der türkischen Unabhängigkeitsbewegung ausgearbeitet.

Nachdem die Briten im März 1920 das osmanische Parlament in Istanbul aufgelöst hatten, wurde am 23. April 1920 die *Große Türkische Nationalversammlung (Türkiye Büyük Millet Meclisi)* in Ankara einberufen. Genau 10 Tage später wurde eine nationale Gegenregierung unter der Führung Atatürks gebildet. Von nun an bekleidete er in Personalunion die Ämter des Präsidenten und des Vorsitzenden der Nationalregierung.

Mit der politischen Konsolidierung der nationalen Bewegung gingen militärische Erfolge gegen die um Unabhängigkeit von der Türkei kämpfenden Völker einher. 1920 wurden Aufstände von Armeniern und Kurden niedergeschlagen, an deren Zustandekommen die imperialistischen Länder nicht unbeteiligt gewesen waren.

Im Januar 1921 deklarierte die *Große Türkische Nationalversammlung* eine vorläufige Verfassung und kündigte verschiedene Reformen an. 2 Monate später wurde mit der UdSSR ein Freundschaftsvertrag geschlossen, der dazu führte, daß die Sowjetunion die Türkei diplomatisch, finanziell (10 Millionen Goldrubel) und mit Waffenlieferungen unterstützte. Aufgrund dieser Hilfe gelang es der Türkei in kurzer Zeit, den Befreiungskrieg zu gewinnen.

1922 schließlich floh der letzte osmanische Sultan Mehmet VI, nach England. Überdies wurden die alliierten Besatzungsmächte vertrieben. 1923 erreichte die Türkei in Lausanne eine Revision des Vertrages von Sevres. Die Alliierten mußten die Souveränität der Türkei anerkennen und der Entmilitarisierung der Meerengen zustimmen.

Kemalismus

Noch heute ist die Frage aktuell, ob der Kemalismus eine eigenständige Ideologie sei. Meiner Meinung nach ist es richtig von einer komplexen Ideologie zu sprechen. Die wichtigsten Elemente dieses Denkens sind der Antiimperialismus (es handelt sich um eine nationale Befreiungsbewegung), der Laizismus, die Volksdemokratie (Republikanismus), das Streben nach Frieden sowie die Vorstellung, Wissenschaft und Technologie müßten die führende Rolle bei der Entwicklung einer Gesellschaft einnehmen. Der Kemalismus betont zudem die Notwendigkeit einer ständigen

---

[2]Rumelien ist der europäische Teil der Türkei.

Reformierung des gesellschaftlichen Überbaus, im Einklang mit der technischen und wirtschaftlichen Entwicklung.
Die folgenden Auszüge aus einer Rede Atatürks verdeutlichen diese Prinzipien:

"Um dieses Recht zu bewahren, und um unsere Unabhängigkeit zu garantieren, sind wir diejenigen Menschen, die einen solchen Beruf ausüben, der geeignet ist, mit unseren nationalen Institutionen den Kampf gegen den Imperialismus, der uns ruinieren will, und den Kapitalismus der uns schlucken will, zu führen ...(Biz hakkimizi sakli bulundurmak, bagimsizligimizi güvence altinda bulundurmak icin genel kurulumuzca, ulusal kurul larimizla bizi mahvetmek isteyen emper Yalizme karsi savasmayi uygun gören bir meslegi izleyen isanlariz). [3]*

"Volle Unabhängigkeit bedeutet zweifelsohne eine volle Unabhängigkeit und Freiheit auf allen Gebieten wie Politik, Ökonomie, Justiz, Militärwesen, Kultur. Der Unabhängigkeit auf irgendeinem Gebiete, die ich aufgezählt habe, beraubt zu sein, bedeutet, daß die Nation und das Land im wahren Sinne des Wortes seiner ganzen Unabhängigkeit beraubt ist."

"Für alles auf der Welt, für die Zivilisation, für das Leben und für den Erfolg sind die wahren Wegweiser Wissenschaft und Technologie. Den Wegweiser außerhalb der Wissenschaft und Technologie zu suchen, ist Unwissenheit und Abweichen vom wahren Weg."

Die meisten der politischen Kämpfe sind erfolglos. Aber die gesellschaftliche Arbeit ist jederzeit effektiv. Unsere Intellektuellen sollen dafür arbeiten. Warum kommen sie nicht nach Anatolien? Warum nehmen sie nicht unmittelbar mit dem Volk Kontakt auf? Man soll im Land umhergehen und das Volk kennen. Man soll sehen, was fehlt. So ist es, sein Volk zu lieben. Sonst bringt die Liebe im bloßen Gerede keinen Nutzen."

Einige unter Atatürk durchgeführte, wichtige Reformen waren:

- 1922:   Das Sultanat wird abgeschafft

- 29. Oktober 1923:   Die Türkische Republik wird gegründet

- 1923:   Mit dem Wirtschaftskongreß in Izmir werden
          Maßnahmen beschlossen, um die
Industrialisierung des Landes zu beschleunigen   und
die Wirtschaftsstruktur umzuorganisieren.

- ab 1928:   Die Eisenbahnlinien, die Kupferminen von Ergani,
          sämtliche Häfen, Küstenschifffahrtsunternehmen,
     Elektrizitätswerke, Straßenbahnbetriebe sowie die
     Post von Istanbul und Izmir werden verstaatlicht.

---

[3] Ataturk, Kemal, 1.12.1921, Soylevler ve Demecler C:1, S.1968

11

- 1924:	Abschaffung des Kalifats und des Ministeriums des Schriat. Das Amt für religiöse Angelegenheiten wird dem Ministerpräsidenten unterstellt.
- 1926:	Übernahme des schweizerischen Zivilgesetzbuches sowie des italienischen Straf- und des deutschen Handelsrechtes. Außerdem Einführung des Frauenstimmrechts und der Monogamie (bis dahin durfte ein Mann laut Schriat gleichzeitig mit vier Frauen verheiratet sein).
-1928:	Abschaffung des Islam als Staatsreligion. Die Türkei wird ein säkularer Staat. Dieser baut auf den sechs kemalistischen Grudprinzipien auf: republikanisch, nationalistisch, volksverbunden, etatistisch, laizistisch und revolutionär.
-1928:	Ersetzung des arabischen durch das lateinische Alphabet
-1934:	Erster Fünfjahresplan für die industrielle Entwicklung. Einführung des Frauenwahlrechts für die Großen Nationalversammlungen.
-1938:	Zweiter Fünfjahresplan für die industrielle Entwicklung.

2.7 Nach der Atatürk-Ära (1938 bis 1950)

Für einen Teil des türkischen Bourgeoisie, die ihre Zusammenarbeit mit ausländischen Unternehmen prinzipiell ausbauen wollte, sowie für die kapitalistischen Länder bedeutete die Entwicklung unter Atatürk eine Gefahr, und zwar in dem Sinne, daß durch die veränderten Bedingungen die Grundlage für eine antikapitalistische Stimmung in der Türkei geschaffen worden war. Die imperialistischen Staaten reagierten darauf mit dem Versuch, die Türkei stärker zu integrieren. Damit sollte eine ökonomische, politische und militärische Abhängigkeit erzeugt werden, um die für den Westen bedrohlich erscheinende Entwicklung aufzuhalten. Letztendlich erreicht wurde das jedoch erst nach Atatürks Tod.

Atatürks Nachfolger
Die entscheidenden Persönlichkeite der Nach-Atatürk-Ära waren die Politiker Ismet Inönü und Celal Bayar. Beide waren schon vor dem Befreiungskrieg der Meinung gewesen, daß die Befreiung der Türkei nur unter der Schirmherrschaft der USA möglich sei. Unter ihrer Führung wurde die Gründung und die Aktivität von Gewerkschaften, Vereinen und fortschrittlichen Medien verboten bzw. strengen Auflagen unterworfen.

Obwohl Ismet Inönü, als er nach dem Tod Kemal Atatürks Staatspräsident und Vorsitzender der *Republikanischen Volkspartei* (CHP) geworden war, verkündete, an den Prinzipien seines Vorgängers festhalten zu wollen, verfolgte er innerhalb kürzester Zeit einen geradezu entgegensetzten Kurs. So gebärdete er sich als radikaler Antikommunist und tolerierte die türkischen Faschisten. Unter der Rückendeckung der neuen Regierung gewannen vor allem die Turanisten, die eine Großmachtpolitik verfolgten und die Herrschaft der Türkei auf die Siedlungsgebiete der Türkvölker in der Sowjetunion ausdehnen wollten, an politischer Bedeutung.

Außenpolitisch versuchte sich die Türkei nicht zu verpflichten. So schloß sie 1939 einen Bündnisvertrag mit Großbritannien und Frankreich, war dann aber 2 Jahre später auch zu einem Freundschaftsvertrag mit Hitlerdeutschland bereit. Die guten Beziehungen zum Nazi-Regime blieben bestehen, obwohl sich die Türkei nie offen zu den Achsenmächten bekannte. Bis zum Ende des 2. Weltkrieges lieferte die Türkei über 30% des deutschen Chromerzbedarfs. Als jedoch die Niederlage des NS-Staates absehbar wurde, schlug sich die Türkei auf die Seite der Alliierten. Am 23. Februar 1945, knapp zweieinhalb Monate vor Kriegsende erklärte die türkische Regierung Deutschland formal den Krieg.
Grundlage für diese Politik war der eindeutige Wunsch der türkischen Regierung nach einer vernichtenden Niederlage der Sowjetunion. Für dieses Ziel war die Türkei bereit, Hitlerdeutschland in vieler Hinsicht zu unterstützen. Zahlreiche Staatsmänner übten freiwillig Agententätigkeiten für Nazi-Deutschland aus[4].

In der Staatspartei CHP (andere Parteien waren nicht erlaubt) begannen sich in jenen Jahren ernsthafte Widersprüche herauszubilden. Die Führung unter Ismet Inönü hatte mit den kemalistischen Prinzipien der Partei immer weniger zu tun. Sie, d.h der rechte Flügel der CHP verfolgte eine Politik, die vor allem den Interessen ausländischer Unternehmen und eines Teils der Bourgeoisie entsprach. Dagegen formierte sich eine Fraktion des nationalistischen Bürgertums, patriotischer Offiziere und fortschrittlicher Intellektueller, die die unter Kemal Atatürk begonnenen ökonomischen, sozialen, kulturellen und und politischen Reformen fortführen wollten. Sie forderte eine Zurückdrängung des ausländischen Kapitals.
Dieser Widerspruch verschärfte sich, bis der rechte Flügel der CHP mit anderen reaktionären Kräfte schließlich 1946 unter der Führung Celal Bayars und Adnan Menderes die "Demokratische Partei" (DP) gründete. In den Parlamentswahlen von 1950 besiegte die neue Partei die CHP und beendete somit deren 25-jährige Regierungszeit. Außer einer kurzen Beteiligung an der Koalitionsregierung nach dem patriotischen Militärputsch von 1961-65 blieb die CHP bis 1973 in der Opposition.

Nach dem 2. Weltkrieg, besonders ab 1950 setzte eine verstärkte Zusammenarbeit zwischen der Türkei und den entwickelten kapitalistischen Staaten ein. Nach 1945 trat die Türkei in eine Phase verstärkter Industrialisierung ein, in der die traditionellen Manufakturbetriebe immer stärker zurückgedrängt wurden. Die einheimesche türkische Bourgeoisie versprach sich daher von einer engeren Zusammenarbeit mit den entwickelten kapitalistischen Staaten eine Beschleunigung der Akkumulation.

---

[4] vgl: Johannes Glasneck: "Turkei und Afghanistan- Brennpunkte der Orientpolitik im zweiten Weltkrieg" DVW-Berlin 1968, S.109 ff

Das Interesse an der Zusammenarbeit war jedoch durchaus beiderseitig. Die USA waren in eine Phase der außenwirtschaftlichen Expansion getreten und folglich stark an der Erschließung neuer Märkte und Handelspartner interessiert.
Diese Annäherung manifestierte sich 1947 in einem geheim abgeschlossenen Grundvertrag, der im Verlaufe der Zeit den sich verändernden Beziehungen angepaßt wurde. Geregelt wurde in dem bilateralen Abkommen vor allem die militärische "Entwicklungshilfe" der USA für die Türkei. Soweit es durch Presseveröffentlichungen bekannt geworden ist, mußte die Türkei im Gegenzug umfangreiche Zugeständnisse für die "militärische Hilfe" machen.

2.8 Die Republik zwischen 1950 und dem Putsch 1980

Die Integration der Türkei in das kapitalistische Weltsystem wurde mit der Aufnahme des Landes in den Europarat, die NATO und die CENTO 1949 institutionalisiert. Als Folge des NATO-Beitritts mußten türkische Truppen bereits am Koreakrieg 1950 teilnehmen. Außerdem wurden der US-Armee Stützpunkte und Stationierungsmöglichkeiten zugesprochen.
Gegenüber den Engländern, die aufgrund eigener Interessen im Nahen Osten anfangs gegen die Mitgliedschaft der Türkei in der NATO Vorbehalte geäußert hatten, akzeptierte die türkische Regierung, den von den britischen Regierung geforderten Beitritt zum Bagdad-Pakt, der später in CENTO umbenannt wurde.

Die herrschenden Kreise in der Türkei erwarteten von der Mitgliedschaft in der NATO vor allem niedrigere Militärausgaben. Diese Hoffnung erfüllte sich jedoch nicht. Aufgrund der NATO-Abhängigkeit und verschiedener bilateraler Abkommen mit den USA stiegen die Ausgaben ständig. Ein weiterer Grund hierfür liegt in der CENTO-Mitgliedschaft. Dieser Pakt diente vor allem der Absicherung der Erdölquellen im Nahen Osten und der Zurückdrängung kommunistischer oder antiimperialistischer Bewegungen in der Region.
Sowohl die CENTO- als auch die NATO-Mitgliedschaft entsprachen also vor allem den Interessen der entwickelten kapitalistischen Länder und nicht der Türkei als Entwicklungsland. Durch die Verträge wurde implizit auch festgeschrieben, daß die Türkei in einem Kriegsfall zu einem Hauptkriegsschauplatz und so vermutlich stark zerstört werden würde.

Während der Amtszeit von Menderes und Celal Bayar gab die Türkei insgesamt über 4 Mrd US-Dollar für den Militäretat aus. Innenpolitisch zeichnete sich diese Epoche durch eine brutale Unterdrückung der Opposition aus. Demokratische Organisationen und die Kommunisten wurden schärfstens verfolgt, 1951 wurde die Todesstrafe für politische Delikte eingeführt und de facto alle bürgerlichen Freiheiten aufgehoben. 1960 setzte Ministerpräsident Menderes eine Kommission zur Untersuchung der "subversiven Tätigkeit" der Opposition ein.

Das Land geriet gleichzeitig ökonomisch, sozial und politisch in eine Krise. Die Zuspitzung der sozialen Widersprüche wurde mit Massenprotesten und - demonstrationen beantwortet. Am 27.Mai 1960 wurde die Regierung von kemalistischen und patriotischen Offizieren ("Komitee der nationalen Einheit") gestürzt. Menderes und zwei weitere Minister wurden erhängt. Staatspräsident Celal Bayar zunächst zum Tode verurteilt. (Später wurde die Strafe wegen seines hohen Alters in lebenslänglich umgewandelt, und schließlich wurde der Politiker sogar begnadigt).

Im Jahr 1961 wurde eine moderne, westlich orientierte und relativ demokratische Verfassung durch ein Bevölkerungsreferendum bestätigt. Die Wahlen im gleichen Jahr brachten keiner Partei eine absolute Mehrheit. Staatspräsident wurde General Gürsel, der Führer des "Komitees der nationalen Einheit", Ministerpräsident erneut der Parteivorsitzende der CHP, Ismet Inönü.

Bei den Parlamentswahlen 1965 errang jedoch erneut die Rechte eine Mehrheit. Die *Gerechtigkeitspartei (AP)*, die 1961 als Nachfolgepartei der *Demokratischen Partei (DP)* gegründet worden war, gewann die Wahlen, ohne jedoch über eine absolute Mehrheit zu verfügen.
Auch die erste legale fortschrittliche Partei, die *Arbeiterpartei (TIP)* schnitt mit 16 Sitzen relativ erfolgreich ab.
Die neue Regierung war eine Minderheitsregierung, die mit religiös-fanatischen und reaktionär-faschistischen Parteien koalierte. In ihrer Amtszeit wurden erneut nur die Interessen des Großgrundbesitzes, der ausländischen Monopole und der mit ihnen zusammenarbeitenden einheimischen Teile der Bourgeoisie berücksichtigt.

In den Jahren 1968 bis 1971 geriet das Regime angesichts zunehmender Arbeiter- und Studentenproteste in die Krise. Auf die politischen Wirren antwortete die reaktionäre Militärführung 1971 mit einem neuerlichen Putsch. Die AP blieb an der Militärregierung, die bis 1973 im Amt war, jedoch beteiligt. Diese Zeit war durch Massenverhaftungen, Staatsterror, Folterungen und einem zweieinhalb Jahre andauerndem Ausnahmezustand gekennzeichnet.

Bei den Parlamentswahlen 1973 erlitt die Militärregierung gegenüber der CHP eine Niederlage. Die *Republikanische Volkspartei* war in der Lage mit der reaktionären, islamisch orientierten *Nationalen Heilspartei (MSP)* eine Regierungsmehrheit zu bilden, die sich jedoch nur auf ein minimales Kompromißprogramm stützen konnte.
Nach dem Sturz der Makariasregierung auf Zypern, die durch die von griechischen Offizieren befehligte Nationalgarde hinweggeputscht wurde, besetzten türkische Truppen 40% der Mittelmeerinsel. Zu der außenpolitischen Krise kam die bleibende Instabilität der Regierung. Bereits im Juli 1974 stellten sich die Differenzen zwischen CHP und MSP als unüberbrückbar heraus. Es kam zum Bruch der Koalition und Neuwahlen wurden ausgeschrieben, von denen sich Ministerpräsident Ecevit eine absolute Mehrheit versprach.
Der Rechten gelang es jedoch, auf der Grundlage eines Kompromißprogramms zu den Wahlen als *Nationale Front (Milli Cephesi)* anzutreten. Diese Koalition bestand aus der AP, der *Nationalen Heilspartei (MSP)*, der *Republikanischen Gerechtigkeitspartei (CGP)* und der faschistischen *Nationalen Aktionspartei (MHP)*.

Die neue MC-Koalitionsregierung sah ihre Aufgabe hauptsächlich darin, die Interessen des einheimischen und ausländischen Monopolkapitals zu vertreten, und bemühte sich in diesem Rahmen darum, neofaschistische, islamische und andere fanatische Gruppierungen gegen die fortschrittlichen und demokratischen Kräfte im Land, besonders gegen die Arbeiterklasse und die Gewerkschaften, zu schützen.

Die MC-Regierung zeichnete sich- insbesondere was die Abhängigkeit der Türkei von den kapitalistischen Staaten anging- durch krasse innere Widersprüche aus. Einigkeit unter den zerstrittenen Koalitionspartnern bestand lediglich in der gemeinsamen Gegnerschaft zur Arbeiterklasse und zur CHP. Um eine gewerkschaftliche Einheitsbewegung und deren Einfluß auf das Proletariat zu verhindern, war bereits 1952 die *Konföderation der Arbeitergewerkschaften* gegründet worden. Diese konstituierte sich im Interesse des nationalen und ausländischen Kapitals- vor allem des US-Kapitals- und arbeitete massiv gegen die Kampfbereitschaft der Arbeiterschaft. Die von einzelnen MC-Koalitionspartnern gebildeten Kommandoeinheiten sowie einige ihrer Sympathisanten traten der Konföderation bei und nahmen die Plätze von entlassenen Gewerkschaftsmitgliedern ein. Dies verschaffte ihnen die Möglichkeit, auf staatlichem Sektor nach Kräften mitzumischen.

Die MC-Koalition unterstützte weiterhin die neofaschistisch orientierten, paramilitärischen Schlägertrupps der MHP, die während der Regierungsperioden der *Gerechtigkeitspartei* (1965-71) und des Militärregimes (1971-73) von der AP gefördert wurden. Außerdem forderten einzelne Koalitionspartner, darunter vor allem die AP, die Einführung eigener Kommandoeinheiten. Diese paramilitärischen Gruppen sollten zusammen mit den normalen Verteidigungsinstanzen den Staat vor der "kommunistischen Gefahr" schützen.

Gleichzeitig begann die Türkei immer tiefer im Chaos zu versinken. Dies ist nur zum Teil auf die Aktivitäten linker, von den antiimperialistischen Befreiungsbewegungen der DrittenWelt inspirierten Guerillagruppen zurückzuführen. Viel wesentlicher für die Radikalisierung des innenpolitischen Klimas waren Geheimdienstaktivitäten und die Aktionen rechter paramilitärischer Gruppen, durch die ein Klima der Angst verbreitet werden sollte. Die Ultra-Rechte und die Geheimdienste beabsichteten eine Stimmung gegen die demokratische Bewegung und die Linke zu mobilisieren. Die Hintermänner des Terrors- u.a wurde 1977 auf den sozialdemokratischen Führer Ecevit ein Attentat verübt und in Kahraman Maras 111 Menschen massakriert- wurden nicht verfolgt. Die meisten Fälle wurden vertuscht.

Aus der Wahl Juni 1977 ging die republikanische CHP mit 41,4% der Stimmen als stärkste Partei hervor, während die rechte AP nur 36,9% verbuchen konnte. Dennoch gelang es dem CHP-Führer Ecevit nicht,die Regierung zu bilden. Daraufhin stellte Demirel von der *Gerechtigkeitspartei (AP)* eine neue Koalition der *Nationalen Front* (Mili Cephe Hükümeti) zusammen, die eine klare Rechtspolitik verfolgte.

Im Dezember jedoch erlitt die AP bei den Kommunalwahlen einen schweren Rückschlag. Wegen innerparteilicher Meinungsverschiedenheiten traten 13-AP Abgeordnete aus der Parlamentsfraktion aus. Ecevit konnten daraufhin am Neujahrstag 1978 eine Koalitionsregierung von CHP, zwei kleinen Parteien und 10 von der AP übergetretenen Abgeordneten bilden.

Die neue Regierung verhängte über 13 - später 16 - der insgesamt 67 Provinzen das Kriegsrecht. Davon waren fast alle kurdischen Landesteile betroffen. Ecevits Regierungsmaßnahmen richteten sich zudem eher gegen die Opfer des Terrors als gegen seine Täter. So wurde kaum etwas gegen die faschistische MHP und ihre

Terrororganisation die *Grauen Wölfe*, unternommen. Zwar wurden einige MHP-Mitglieder verhaftet, weil an die Öffentlichkeit gedrungen war, daß zahlreiche MHP-Büros als Waffenlager dienten und die Partei die faschistischen Aktivitäten steuerte, aber dennoch griff die Ecevit-Regierung nicht zu Mitteln, die die Organisationszentren des rechten Terrors wirklich zerschlagen hätten können.

Schon kurze Zeit später kam die neue Regierung in die Krise. Bei den Teilwahlen zur Nationalversammlung, sowie zu einem Drittel des Senats gewann die AP alle fünf zu vergebenden Sitze des Abgeordnetenhauses und 33 der 50 Senatssitze. Die CHP dagegen errang nur 12, die MSP vier und die MHP sogar nur einen Sitz.

Am 16.Oktober 1979 mußte die Ecevit-Regierung nach nur eineinhalbjähriger Amtszeit zurücktreten. Einen Monat später bildete Demirel (AP) seine Minderheitsregierung. Die reaktionär gesinnte Gruppe innerhalb seiner Partei versuchte- mit Unterstützung des rechten Flügels der CHP, der MSP, der MHP und den Militärs- die demokratischen Grundrechte außer Kraft zu setzen. Die Gewerkschaften wurden geschwächt und die in diesen Jahren vorhandene Massenbewegung mit Polizeigewalt unterdrückt.

Trotzdem konnte sich auch die Demirel-Koaliton nicht konsolidieren. Das von IWF und Weltbank verordneten Sanierungsprogramme und Stabilisierungsmaßnahmen belasteten die Minderheitsregierung. Sie erwies sich schließlich als unfähig, das gewünschte Konzept in die Tat umzusetzen.

Die Opposition hingegen wuchs. Zwischen CHP und MSP wurde wieder über eine Koaliton nachgedacht, auch die *Arbeiterpartei (TIP)* und die *Türkische Sozialistische Arbeiterpartei (TISP)* beschlossen zusammenzuarbeiten. In der demokratischen Öffentlichkeit hoffte man darauf, die errungenen Rechte, vor allem die demokratische Verfassung verteidigen und den rechten Terror stoppen zu können. Leider erfüllte sich diese Hoffnung nicht.

2.9 Die Militärjunta, die Regierungszeit Özals und die Demirel- Ciller-Regierung (1980-94)

Die herrschenden Kreise sahen sich außerstande, die Entwicklungen im Land aufzuhalten. Der Regierung gelang weder die Durchführung des Sanierungskonzeptes (Erlaß vom 24.Januar 1980) noch war sie in der Lage, die Massenbewegung und linken Organisationen zu zerschlagen. Als Folge der Instabilität und des geschürten rechten Terros wurde der Ruf nach einer starken Hand laut. Es schien, als seien die vom IWF aufoktroyierten, wirtschaftlichen Anpassungsmaßnahmen nur mit Hilfe einer autoritären Staatsmacht realisierbar.

Auf Grundlage dieser Einschätzung ergriff mit massiver ausländischer Unterstützung der NATO-Partner am 12.September 1980 eine Militärjunta die Macht. Sie trat als Sprachrohr der Großunternehmen und des militärisch-industriellen Komplexes auf und begriff sich als systemstabilisierendes Herrschaftsinstrument, auch was die Interessen der NATO an ihrer Südostflanke betraf.

Dem *Nationalen Sicherheitsrat (NSR)*, d.h der eigentlichen Junta, gehörten folgende Militärs an: der General Kanan Evren, Chef aller Waffengattungen; General Haydar Saltik, Generalsekretär des NSR; General Nurettin Ersin, Chef der Landstreitkräfte; General Tahsin Sahinkaya, Oberkommandierender der Luftwaffe; General Nejat Tümer, Marinechef; und General Sedat Celasun, Chef der Gendarmerie.

Als erste Amtshandlung löste die Junta das Parlament auf, setzte die Verfassung außer Kraft und verhängte über das ganze Land das Kriegsrecht. Der gesamte Justizapparat wurde der Militärgerichtsbarkeit unterstellt. Man verbot alle Aktivitäten fortschrittlicher Gewerkschaftsverbände - die konservativen Gewerkschaften blieben von der Maßnahme unberührt -, die Parteien und Bauerngenossenschaften und verhängte die Pressezensur. Tausende von Oppositionellen wurden verhaftet und grausamsten Folterungen unterworfen. Obwohl auch der größte Teil der faschistischen Organisationen verboten wurde, richtete sich der Hauptangriff der Junta eindeutig gegen die Linke und die demokratischen Bewegungen.

Kurze Zeit nach dem Putsch bildete der Nationale Sicherheitsrat (NSR) eine "Zivilregierung". Das neue Kabinett wurde von Admiral a.D Bulent Ulusu geführt, der bis zum August 1980 Oberkommandierender der Marine gewesen war. Ende 1981 beriefen die Militärs eine beratende Versammlung ein, die aus 160 Sitzen bestand und zum verfassungsgebenden Gremium auserkoren wurde. Jeder Gesetzentwurf mußte jedoch vom NSR bestätigt werden. Unter dem Deckmantel einer solchen Scheindemokratie wurden zahlreiche reaktionäre und faschistische Gesetze verabschiedet.

Am 7.November 1982 fand ein Referendum über die Verfassung statt, bei dem auch der Vorsitzende des NSR, General Evren, für 7 Jahre zum Staatspräsidenten gewählt wurde. De facto gab es für die Bevölkerung in einem Klima der Einschüchterung auch keine Alternative zur Bestätigung von Verfassung und Staatspräsidium.

Wie es die NSR-Verfassung vorsah, wurden in verschiedenen Regionen der Türkei "Staatssicherheitsgerichte" eingesetzt. Überdies traten- neben den bereits amtierenden Richtern- 24 Militärrichter ihre Ämter an. Unter der Militärjunta wurden so insgesamt 200.000 Personen festgenommen, davon die Hälfte auch inhaftiert. Tausende waren von der Hinrichtung bedroht. 50 Häftlinge entgingen dem Tod durch den Strang nicht, und weitere 500 Verfolgte wurden "auf der Flucht erschossen". Fast alle Inhaftierten wurden- und werden immer noch- mit unterschiedlichen Methoden tagelang gefoltert. Unglaublicherweise berichteten sogar die Tageszeitungen häufig darüber.

Die Junta forcierte desweiteren kontinuierlich die Unterdrückung, Verfolgung und Ermordung von Kurden, die bis heute andauert. Man gab dem Völkermord nur einen anderen Namen: *"Bekämpfung von Terrorismus und Separatismus",* eine Erklärung, die den systematischen Staatsterror legitimieren sollte.

Unterstützt wurde die Junta von einem Teil der MHP, von der MSP, der AP und selbst von einigen Mitgliedern des rechten Flügels der CHP- denselben politischen Kreisen also, die auch der Regierungspartei (Mutterlandspartei *ANAP)* zur Seite standen.

Am 22. April 1983 wurde ein Parteien-, im Juni des gleichen Jahres ein Wahlgesetz verabschiedet. Viele ehemalige Parteifunktionäre, Minister und Parlamentarier durften demnach nicht mehr an der Gründung neuer Parteien teilnehmen. Nur drei Parteien ließ die Junta zu den Wahlen am 6.November 1983 zu: neben der Junta-Partei, der sogenannten Nationalistisch-Demokratischen Partei (MDP), waren die Mutterlandspartei *ANAP* und die Volkspartei *HP* vertreten. Die Partei der Großen Türkei *(BTP)*, die enorme Wahlchancen besaß, wurde vorsorglich verboten.

Die Parlamentswahlen an diesem 6.November 1983, bei denen Wahlpflicht bestand, verliefen unter äußerst undemokratischen Bedingungen. Mit Hilfe eines trickreichen Wahrlgesetzes erlangte die *ANAP* mit 45.1% die absolute Mehrheit im Parlament. Die *HP* lag mit 30,5% an zweiter Stelle. Die Junta-Partei *MDP* dagegen bekam lediglich 23,3%.

Die neue ANAP-Regierung unter Turgut Özal schlug nun keineswegs den Weg in Richtung einer westlich orientierten Demokratie ein. Vielmehr entpuppte sie sich, einmal abgesehen von einigen wenigen formalen und inhaltlichen Unterschieden als eine Fortsetzung des Militärregimes. Unter Vorspiegelung scheindemokratischer Verhältnisse - man ließ, wenn auch unter starken Einschränkungen, unterschiedliche Parteien zu - zensierte die Özal-Regierung weiterhin munter die Presse und beschnitt auch nach wie vor die Meinungsfreiheit. Demokratische Gewerkschaften wie die *DISK* und linke Parteien waren weiterhin verboten oder hatten zumindest keine Befugnis, aktiv zu werden.
Am schlimmsten jedoch traf die staatliche Repression die kurdische Bevölkerung. Dort waren alle kurdischen Organisationen verboten und die Zivilbevölkerung wurde unabhängig davon, ob sie tatsächlich der kurdischen Bewegung angehörte oder nicht, brutal verfolgt. Eine demokratische Lösung des "Kurdenproblems" war (und ist) somit nicht in Sicht.

Am 14.April 1987 beantragte die Özal-Regierung die Vollmitgliedschaft in der Europäischen Gemeinschaft. Die Mutterlandspartei *ANAP* war aus den vorgezogenen Parlamentswahlen mit 36% der Stimmen und 292 Sitzen im Parlament (65%) als Sieger vorgegangen. Die sozialdemokratische *Volkspartei* errang 99 Sitze, die *Partei des richtigen Weges (DYP)* 59.

Im Januar 1988 unterzeichnete die Türkei die Europarats-Konvention gegen Folter, inhumane Bestrafung oder entwürdigende Behandlung von Häftlingen. Vergebens: die Presse berichtet auch heute noch täglich über Folterungen und unmenschliche Haftbedingungen.

Eine gewisse Öffnung ist jedoch zumindest auf parteipolitischer Ebene unübersehbar. Bei den Kommunalwahlen im März 1989 traten deutlich mehr Parteien an, als dies in den Jahren zuvor möglich gewesen wäre. Die Wählerstimmen verteilten sich wie folgt:

- Sozialdemokratische Volkspartei (SHP): 28,49%

- Partei des Richtigen Weges (DYP): 25,22%

- Mutterlandspartei (ANAP): 21,88%

- Wohlstandspartei (RP): 9,89%

- Demokratische Linkspartei (DSP): 8,78%

- Nationale Arbeiterpartei (MCP): 4,26%

Noch vor der Wahl hatte Ministerpräsident Özal lauthals verkündet, er werde, sofern sein Stimmenanteil nur sehr gering ausfallen sollte, unverzüglich zurücktreten. Er hielt sein Versprechen nicht. Vielmehr erklärte er nach der Wahl, er werde bis 1992, also bis zu den ordentlichen Wahlen im Amt bleiben.

Am 31. Oktober 1989 wurde Turgut Özal zum achten Staatspräsidenten der Türkischen Republik "gewählt". Zwar sieht die Verfassung vor, daß der Inhaber dieses hohen Amtes neutral zu sein und zu handeln habe, doch schaffte es Özal dank seiner absolutistisch-autoritären Politik, mehr Macht zu erlangen als der Junta-Chef Kenan Evren je hatte. Evren und die fünf anderen Generäle, die seinerzeit den Putsch organisierten, waren inzwischen pensioniert worden. Doch das Junta-Regime gehörte auch unter Özals längst noch nicht der Vergangenheit an. Das Daumenschrauben-System lebte unter der Fassade einer Scheindemokratie weiter.

Die Stärke der Rechten manifestierte sich erneut bei den Wahlen im Oktober 1991, bei denen die konservative *Partei des Richtigen Wegs (DYP)* am meisten Stimmen bekam. Die aus dem Militärregime hervorgegangene *Mutterlandspartei (ANAP)* wurde zweite, die *Sozialdemokratische Volkspartei (SHP)* nur drittgrößte politische Kraft. Bei den Kommunalwahlen im Juni 1992 veränderte sich dieses Bild insofern, als die Sozialdemokraten auf den zweiten Platz vorrückten.

Der Vorsitzende der DYP, Süleyman Demirel, und der damalige Führer der SHP, Erdal İnönü, vereinbarten nach der Niederlage der ANAP eine Koalitionsregierung, die möglich geworden war, weil die Wahlversprechungen und -programme beider Parteien sich interessanterweise ausgesprochen stark ähnelten. Die drei Hauptpunkte waren a) Demokratisierung der türkischen Gesellschaft, b) Sanierung der Wirtschaft und c) die demokratische Lösung des Kurdenproblems. Darin beinhaltet war auch die Forderung nach der Absetzung des Staatspräsidenten Turgut Özals und seiner Berater, die man für verschiedenste Verbrechen verantwortlich machen wollte.

Obwohl diese Versprechen von der Koalitionsregierung DYP-SHP in keinster Weise eingelöst wurden, haben die Wähler die Regierung bei den Kommunalwahlen im Juni 1992 grundsätzlich bestätigt. Dies dürfte vor allem damit zu tun haben, daß die Bevölkerung bittere Erfahrungen mit dem Junta-Regime gesammelt hatte und keine Alternative zur bestehenden Koalition für denkbar hielt. Dennoch ist die Desillusionierung über die neue Regierung unübersehbar. Es liegt inzwischen auf der Hand, daß der reaktionäre Militärapparat nach wie vor ein Staat im Staate darstellt, der nicht ohne harte Konfrontation entmachtet werden kann. Die beiden regierenden Parteien haben daran aber auch längst kein Interesse mehr. Sowohl DYP als die sozialdemokratische SHP haben einen Konsens mit den reaktionären Gruppen in der türkischen Gesellschaft gefunden und akzeptieren diese als faktische Mächte. Man kann -allgemein gesprochen- davon ausgehen, daß die eigentliche Kontrolle im türkischen Staat nach wie vor von reaktionären Zivil-Militär-Kreisen ausgeübt wird, die im Staatsapparat bzw. in der ganzen Gesellschaft tief verwurzelt sind. Solange sich dieser Staat im Staat behauptet, bleibt die Demokratie westlichen Musters für die Türkei eine Illusion.

Obwohl eine Demokratisierung der türkischen Gesellschaft und vor allem eine politische Lösung des kurdischen Problems dringend notwendig ist, bleiben die demokratischen Kräfte in der Türkei gelähmt.
Am gefährlichsten ist im Augenblick wohl die wachsende Feindschaft von Türken und Kurden. Die Öffentlichkeit ist gegenüber den Brutalitäten des Krieges im Südosten der Türkischen Republik zunehmend gleichgültig oder aber stellt sich offen auf die Seite des Staates. Je stärker der Krieg zwischen der PKK und den türkischen Militärs tobt, desto mehr Türken im Westen des Landes stellen sich auf die Seite der Regierungspolitik, die sich im Standrecht und in harter Repression ausdrückt.

In dieser aggressiven, chauvinistisch aufgeladenen Atmosphäre ist die demokratische Arbeit und die Kritik an staatlicher Politik und vor allem an den Streitkräften so gut wie unmöglich geworden. Oppositionelle sind ständig mit Todesdrohungen konfrontiert.
Die Reaktion der westlichen Verbündeten auf die Brutalität der türkischen Verhältnisse hingegen fällt recht milde aus, da das Land am Bosporus große strategische Bedeutung für den Westen hat. Zudem gibt es auch kein Interesse der NATO-Mitglieder an einem unabhängigen, möglicherweise links orientierten kurdischen Staat.

Am 17.April 1993 starb der Staatspräsident Turgut Özal, der die Entwicklung seit dem Junta der Militärjunta entscheidend mitbestimmt hatte. Einen Monat später wurde Süleyman Demirel, der bis dahin Ministerpräsident war, zum Staatspräsidenten gewählt. Tansu Ciller eine im Westen ausgebildete Volkswirtschaftlerin mit rigiden neoliberalen Konzepten, übernahm das Amt der Regierungschefin und den Vorsitz in der DYP.
Auch beim sozialdemokratischen Koalitionspartner gab es eine Wachablösung. Erdal Inönü trat im September 1993 zurück und wurde von Murat Karayalcin ersetzt.

Die neue Regierung befindet sich in Kontinuität mit ihren Vorgängerinnen und in vieler Hinsicht auch mit dem Junta-Regime. Stolz verkündete Tansu Ciller, daß sie den ökonomisch-politischen Kurs des ANAP-Ministerpräsidenten Özal fortgeführt habe. Ihre Nähe zur Partei der Militärdiktatur drückt sich aber auch darin aus, daß sie sich bemüht, einen Teil der ANAP-Mitglieder für die DYP zu gewinnen. Es gibt eine Kooperation von DYP-Abgeordneten und militanten Mitgliedern der Partei mit Fundamentalisten und Faschisten. Manches scheint wie eine Rückkehr der *Nationalen Front*-Koalition zu sein. So bemühen sich Abgeordnete von DYP, ANAP und der religiösen RP gemeinsam um eine Aufhebung des verfassungsmäßig verankerten Laizismus[5].

---

[5]vgl: Hurriyet vom 14.12. 1993

Zum ersten Mal in der Geschichte der Türkischen Republik versammelte sich 1993 ein Religionsrat, an dem auch Staats- und Ministerpräsident(in) teilgenommen haben. Die Anstrengungen der Religiösen gehen dahin, in die Zeit des Schariatrechts zurückzukehren. Mit diesen reaktionären Entwicklungen fällt die Regierungspolitik Demirel-Cillers noch hinter der ihres Vorgängers Özals zurück.

Man muß es leider wiederholen: eine Demokratisierung der türkischen Gesellschaft wird von reaktionären Kräften, die vom Westen gestützt werden, konsequent verhindert. Die faktischen Mächte in der Türkei, zivile und militärische Kreise, die die entscheidenden Stellen der Gesellschaft kontrollieren, blockieren jede Reform, die ihre Position antasten könnte. Die Regierungen haben hier, selbst bei positiv zu beurteilenden Absichten, kaum Aussichten, ein demokratisches Projekt zu verwirklichen.
Der Westen verhält sich dieser Situation gegenüber nachsichtig und stützt mit Militär- und Wirtschaftshilfe sogar jene reaktionäre bis faschistische Kreise, weil er die "Stabilität" der Türkei bewahren möchte. Jede Infragestellung des Status Quo wird auch von den NATO-Partner abgelehnt.

II. Kapitel

Die Assoziierung der Türkei an die EG/EU

1. Kurze Charakterisierung der Europäischen Gemeinschaft/ Union

Charakteristisch für die EG/ EU war und ist eine Integration, die auf der ungleichmäßigen internationalen Arbeitsteilung beruht. Ziel der Integration ist die Beseitigung ökonomischer, gesetzlicher und politischer Beschränkungen der kapitalistischen Konkurrenz, d.h es sollen die Freiheit der Kapitalbewegung, des Warenaustausches und die Mobilität der Arbeitskräfte durch den Abbau von internationalen Grenzen garantiert werden. Dadurch wird eine enge wirtschaftliche Abhängigkeit und ein großer Binnenmarkt entstehen, von dem hauptsächlich Monopolbetriebe profitieren dürften. Die Tendenz zur Verschmelzung von Unternehmen und die Beseitigung kleinerer, weniger kapitalkräftiger Konkurrenten wird sich durch die europäische Integration noch einmal deutlich beschleunigen.

Längerfristig erwartet man von der zunehmenden gegenseitigen Abhängigkeit innerhalb der EU-Staaten eine Dynamik hin zur Verschmelzung der Einzelstaaten in einem größeren politischen Einheit. Der Begriff *Europäische Union* drückt dieses Streben nach staatlicher Einheit aus.

Im internationalen Rahmen ist die Europäische Union als einer der drei dominanten Machtblöcke im Weltsystem zu betrachen. Mit den anderen beiden, den USA[6] und Japan mit seinen asiatischen Partnern[7], befindet sich die EU nicht nur in einem direkten Wettbewerb, sondern sie konkurriert mit ihnen auch um die Entwicklungsländer.
Die EU-Integration beinhaltet zudem auch eine höhere Stufe der Internationalisierung der Produktion, der gesamten Wirtschaft und der sozialen, kulturellen, militärischen und politischen Beziehungen der betreffenden Länder. Im Verlauf dieser Entwicklung gehen die EU-Staaten zu privat- und staatsmonopolistischen Formen über. D.h sie bemühen sich, die Wirtschaft durch staatsmonopolistische Maßnahmen zu regulieren und die sich verschärfenden kapitalistischen Widersprüche staatlich abzufedern.

2. Die Lage der Türkei vor der Assoziierung

Wie wir schon im I. Kapitel (Punkt 2.8) gezeigt haben bestand nach dem 2. Weltkrieg ein beiderseitiges Interesse zwischen der Türkei und den führenden kapitalistischen Staaten an einer engeren Zusammenarbeit. Dies hing mit den Modernisierungsbestrebungen der türkischen Regierung einerseits und der internationalen, wirtschaftlichen Expansion vor allem der USA andererseits zusammen.

In diese Phase fand in der türkischen Wirtschaft unter der Regierung der reaktionären *Demokratischen Partei (DP)* von Premierminister Menderes bis 1960

---

[6]bzw. den NAFTA-Staaten (USA, Kanada und Mexico)
[7]Hierzu waren die sogenannten "asiatischen Tiger" Singapur, Hongkong, Südkorea und Taiwan sowie wahrscheinlich auch die VR China zu zahlen.

ein deutlicher Prozeß der Monopolisierung statt. Gleichzeitig wurde die Integration der Türkei durch die Aufnahme in internationale Verträge wie den Europa-Rat, die NATO und den Nahost-Pakt CENTO sowie die Mitgliedschaft in den internationalen Finanzinstituten IWF und Weltbank institutionalisiert.

Politisch stärkten sich in diesen Jahren vor allem jene Kreise der Bourgeoisie, die mit den multinationalen Unternehmen zusammenarbeiteten. 1960 wurden sie jedoch durch den Putsch patriotischer Offiziere entmachtet. Die neue relativ demokratische Verfassung und die Anstrengungen um eine planmäßige Entwicklung der Wirtschaft stellten zunehmend eine Bedrohung für die Interessen der Multis und der mit ihnen verbundenen türkischen Oligarchie dar. So wurde der Staat in der Verfassung zu sozialstaatlichem Handeln verpflichtet und eine stärkere Staatsintervention in der Ökonomie festgeschrieben[8].
Der bisherige kapitalistische Entwicklungsweg der Türkei und ihre Integration in den Westen war damit in Frage gestellt. Um einen ähnlichen Eingriff der Militärs in der Zukunft zu verhindern, wurde die
Armeeführung allmählich sozial, ökonomisch und politisch in die herrschenden Kreise der türkischen Gesellschaft integriert.

Die EG-Staaten waren in dieser Phase bestrebt, einige Entwicklungsländer als assoziierte Staaten an die Gemeinschaft zu binden, um sich so die Möglichkeiten einer Ausdehnungspolitik offen zu halten.
Der Integrationsprozeß war stark genug, um die Wirtschaft der Türkei nachhaltig zu verändern. So waren die monopolistische Entwicklung der türkischen Wirtschaft und ihre Einbindung in den Weltmarkt weit fortgeschritten. Die Türkei erfüllte damit zwei grundsätzliche objektive Voraussetzungen für die Assoziierung und die spätere Vollmitgliedschaft in der EG.

3. Die Aufnahme der Türkei in die EG

Mit dem Ankara-Abkommen vom 12. September 1963 wurde die Türkei als assoziiertes Land an die EG angebunden und ihr eine spätere Vollmitgliedschaft zugesichert. Dieses Abkommen trat am 1.12.1964 in Kraft.

Die türkische Oligarchie begründete die angestrebte Assoziierung der Türkei an die EG folgendermaßen: Seit bereits 150 Jahren sei die Türkei fest an den Westen gebunden, weshalb eine weitere Integration nur einen natürlichen weiteren Schritt in dieser Entwicklung darstelle. Zudem könne die Türkei ihre Agrarprodukte mit der Assoziierung besser auf dem EG-Markt absetzen und auch für industrielle Güter neue Märkte erobern.
Diese positive Einstellung zur EG wurde auch durch die Aufnahme Griechenlands als ebenfalls assoziiertes Land nicht gemindert.u

Die Haltung der herrschenden türkischen Kreise gegenüber der EG verdeutlicht ihr Ziel, die Türkei auf höherer Stufe in das kapitalistische Weltsystem zu integrieren. Man erwartete schließlich eine völlige Eingliederung durch die Vollmitgliedschaft. Dadurch versprach man sich eine intensive Zusammenarbeit mit ausländischen Unternehmungen bei dem Modernisierungs- und Monopolisierungsprozeß der

---

[8]Vgl: Anayasa: Madde S. 41, 51 und 53)

türkischen Wirtschaft, ein Profitieren vom technologisch-wissenschaftlichen Standard des Westens und einen Zugang zum Kapitalmarkt der EG. Es gab also sehr viele Gründe für den Assoziierungsvertrag: die EG bekam einen Brückenkopf in Kleinasien und neue Märkte, während gleichzeitig die Türkei ihre Agrarprodukte besser absetzen konnte, durch die Überweisungen türkischer Arbeitsemigranten an Devisen kam und außerdem bessere Kreditbedingungen von den EG-Ländern erhielt.

4. Vom Ankara-Abkommen bis zum Antrag auf Vollmitgliedschaft

Laut dem Ankara-Abkommen sind drei Phasen für die Eingliederung der Türkei in die EG vorgesehen: die Vorbereitungsphase, die Eintrittphase und die Schlußphase. In den beiden ersten soll die Türkei ihre Wirtschaftsstruktur auf die Vollmitgliedschaft vorbereiten, und zwar indem Verflechtungsformen mit Unternehmen der EG-Länder gefördert werden und die Monopolisierung der Wirtschaft forciert wird. Gedacht wird dabei vor allem an Fusionen mit westeuropäischen Unternehmen.
Gleichzeitig ist ein Abbau der Export- und Importhindernisse, das Recht auf Freizügigkeit der Arbeitskräfte, ein Niederlassungsrecht für Unternehmen der EG in der Türkei und die Erleichterung des Kapitalverkehrs vorgesehen. Beschränkungen wie z.B Handelskontingente sollen beseitigt werden.

Die Vorbereitungsphase sollte ursprünglich 5 bis 12 Jahre dauern. Mit einem zweiten, 1970 in Ankara vereinbarten Abkommen sollte die Türkei tatsächlich zur zweiten Phase, der *Eintrittsphase*, übergehen. Da das Abkommen jedoch nicht die Zustimmung Italiens und Frankreichs erhielt verzögerte sich dieser Schritt um 3 Jahre.
Der Zeitpunkt der 3.Phase ist bis heute noch nicht festgelegt. Nach den "Plänen" der EG und der Türkei könnte 1995 die Schlußphase beginnen, d.h die Vollmitgliedschaft angepeilt werden.[9]

In der ersten Phase sind beiderseitige Kompensationen vereinbart worden. So erhielt die Türkei einen Kredit in Höhe von 175 Mio US-Dollar von der EG, der später um 10 Millionen Dollar aufgestockt wurde. Gefordert hatte die Türkei jedoch 500 Millionen. Drei Viertel dieses Kredites wurde für den Privatsektor aufgewendet. In der zweiten Phase nahm die EG laut Zusatzprotokoll weitere Kompensationen auf sich. So wurde z.B die Zollermäßigung für einige Export- und Importerzeugnisse erneuert bzw. neu geregelt. Die Türkei hingegen verpflichtete sich darauf, Zölle für eingeführte Waren, die nach 12 Jahren zollfrei werden, um 10% zu senken, sowie die Zollgebühren auf Produkte, die nach 22 Jahren zollfrei werden, um weitere 5% zu herabzusetzen. Drittens wurde die Liberalisierungsliste der aus den EG-Ländern importierten Waren von 35% auf 40% erhöht. Viertens konnten Importeure, die aus den EG-Ländern Waren einführten, ihre Garantiesummen an die Zentralbank um 10% senken und fünftens sollte das aus den EG-Ländern importierte Warenkontingent um 10% steigen.

Diese exemplarischen Kompensationen traten mit dem 1.Januar 1976 in Kraft, obwohl das Zusatzprotokoll vom türkischen Parlament nicht mehr ratifiziert wurde.

---

[9] Vgl: Zusatzprotokoll, Art.10 in TC-Gazete vom 31.1.1976, S.29)

Schon Ende 1976 forderte die türkische Regierung die Revision des Zusatzprotokolls, weil es die Türkei benachteilige und die einheimische Wirtschaft schädige. Die EG-Länder zeigten hierfür Verständnis.

Während der Verhandlungen zur Verbesserung des Zusatzprokolls zwischen der Türkei und der EG kam die Ecevit-Regierung im Oktober 1978 an die Macht. Die Verhandlungen zwischen der Türkei und der EG dauerten wie immer lange, da die EG Zeit gewinnen und unerwünschte Forderungen der Türkei beständig verschieben wollte. Die Türkei war nicht in der Lage, diese Verhandlungen zu beschleunigen, um gegenseitig vorteilhafte Beziehungen aufzubauen.

Die Ecevit-Regierung hatte für die Verhandlungen ganz neue Anpassungspläne vorbereitet. Der Vorbereitungsplan sah eine neue Immunitätsphase vor, an dessen Ende die Türkei Voltmitglied der EG werden sollte. Dieser Forderung wurde von den zuständigen Verhandlungsdelegierten der EG mit Verständnis begegnet. Der Forderungskatalog der Ecevit-Regierung als solcher wurde jedoch abgelehnt.

Die wichtigsten Forderungen der Ecevit-Regierung waren folgende: Im Rahmen der fünfjährigen Immunitätsphase müsse die Türkei für die Vollmitgliedschaft besser vorbereitet werden. Die EG sollte die Türkei dazu mit folgenden Maßnahmen unterstützen:

- Zoll- und Kontingentenfreiheit für alle Industrieprodukte (auch für Textilien) aus der Türkei.
- Für die türkischen Agrarprodukte sollten von der EG für Drittländer gegebene Präferenzen auch für die Türkei automatisch gültig sein.
- Im Sozialbereich sollte den türkischen Arbeitern, wie im Ankara-Abkommen vorgesehen, die Freizügigkeit gesichert werden; ihre soziale Absicherung müsse außerdem erweitert werden.
- Die EG sollte der Türkei neue Kredite in Höhe von 4 Mrd US-Dollar gewähren, die zur Vorbereitung des vierten Fünfjahresplanes vorgesehen waren. Eigentlich forderte die Ecevit-Regierung diese Kredite für die Tilgung der fälligen Schulden der Türkei an die EG- Länder. Somit hätte die EG gar kein neues Geld verliehen, sondern nur die Tilgungen aufgeschoben.

Die EG lehnte diese Forderungen mit der Begründung ab, sie habe dafür keine ausreichenden finanziellen Mittel. Wegen dieser Ablehnung fror die Ecevit-Regierung die Beziehungen mit der EG ein.

Ende 1979 kam die Demirel-Regierung an die Macht. Als Mittel zur wirtschaftlichen Sanierung der Türkei wurde der berühmt-berüchtigte "24.Januar-Erlaß" (24 Ocak Kararlari) verkündet, der die Direktiven und Sanierungskonzepte des IWF und der Weltbank beinhaltete.

Die Zuständigen in der Demirel-Regierung erläuterten den EG-Verantwortlichen Sinn und Ziel des "24.Januar-Erlasses" und erklärten, daß die Türkei auf die Immunitätsphase und ihre alten Forderungen bzw. auf die Einfrierung der EG-Türkei-Beziehungen verzichten würde. Ihre Forderungen dagegen waren nun die Abschaffung aller Beschränkungen für den Export von Agrarprodukten und die Beibehaltung des Rechtes auf Freizügigkeit der türkischen Arbeiter.

Die Demirel-Regierung, die einen Antrag auf Vollmitgliedschaft in der EG vorbereitete, wurde jedoch am 12.September 1980 durch den Putsch einer reaktionären, faschistischen Militärjunta abgesetzt.

Die EG fror nun ihrerseits mit der Rechtfertigung, das Militärregime sei nicht demokratisch, die Beziehungen zur Türkei ein. Die bereits im 4.Zusatzprotokoll genehmigten Kredite in Höhe von 600 Millionen ECU wurden eingefroren. Erst im Jahre 1986 wurde von der Özal-Regierung der Antrag auf Vollmitgliedschaft gestellt. Die EG antwortete hierauf, daß erst nach der Errichtung des Binnenmarktes 1992/93 über den Antrag verhandelt werden könne.

5. Die Türkei als benachteiligter Partner

Entsprechend dem Charakter der EG-Staaten behandelt die EG die Türkei nicht als gleichberechtigten Partner, sondern eher als Diener. Die Türkei soll, wie bereits oben ausgeführt, zum Ende der dritten Phase Vollmitglied der EG werden. Trotzdem wurde und wird die Türkei als Objekt benutzt und betrogen.
Man kann die Assoziierung der Türkei nicht mit der Assoziierung anderer Länder an die EG vergleichen, denn erstens strebte die Türkei von Anfang an die Vollmitgliedschaft an, und zweitens ist die Türkei bereits seit langer Zeit Mitglied in fast allen Institutionen der westlichen Welt (z.B Europarat, NATO, IWF, Weltbank); drittens ist ihre geographische Lage für die Interessen der EG-Mitglieder von großer Bedeutung, und viertens sind die türkischen Arbeitsemigranten in den EG-Länder zum Teil schon seit zwei Generationen heimisch, d.h sie sind regelrecht zu einer ethnischen Minderheit in vielen EG-Ländern geworden.
Diese zahlreichen Integrationselemente und -möglichkeiten werden jedoch von den EG- ignoriert.

In der Vorbereitungsphase nahm die Türkei, wie schon erwähnt worden ist, einen Kredit in Höhe von ca. 185 Millionen Dollar bei der EG auf. Eine solche Kredithöhe in dieser wichtigen Vorbereitungsphase war eine lächerliche Summe. Das allein zeigt, daß die EG von Anfang an die Vorbereitung der Türkei für die Vollmitgliedschaft nicht ernstgenommen hat. Diese Summe hätte nach unserer Schätzung mindestens, dem Stand der Vorbereitungen entsprechend, 2 Milliarden Dollar betragen müssen.

In ökonomischen, sozialen und politischen Krisenzeiten wird die Türkei von den EG-Ländern mit ihren Schwierigkeiten alleingelassen. Die EG-Staaten haben solche Situationen sogar regelrecht auszunutzen versucht. Die Bestrebungen gehen dahin, die Vorbereitungen der Türkei auf eine Vollmitgliedschaft immer wieder zu verschieben oder sogar zu verhindern.

Die ungleichen Bedingungen zwischen der Türkei und den EG-Ländern zeigen sich nicht nur in der Vorbereitungsphase, sondern auch in der Folgezeit.

Wie bereits dargestellt, wurden Pläne und Forderungen der Ecevit-Regierung abgelehnt. Insbesondere neue Kreditforderungen in Höhe von ca. 4 Milliarden Dollar für die Tilgung der alten Schulden und die Aufhebung der Importbeschränkungen für Agrar- und Industrieprodukte wurden von der EG abgewiesen. Die EG hätte jedoch die Vorschläge der Ecevit-Regierung vervollständigen und der Türkei bei ihren Vorbereitungen unterstützen können. Daran bestand kein Interesse, weil sich die EG die Türkei als Billiglohnland und abhängigen "Partner" erhalten möchte. Beiderseitig vorteilhafte Beziehungen können so nicht entstehen.

Während der Militärjunta hatten die EG-Staaten wegen der massenhaften Menschenrechtsverletzungen zu Recht die Beziehungen zur Türkei eingefroren und die Kredite von 600 Millionen ECU blockiert. Diese Summe ist bis heute noch nicht freigegeben worden.
Es scheint überhaupt so, als ob die Verbrechen der Junta nur als Ausrede dienen, denn gleichzeitig gewährten die EG-Staaten über direkte und indirekte Kanäle der NATO, des IWFs und der Weltbank zahlreiche Kredite. Besonders die aus dem Militärregime hervorgegangene und äußerst autoritäre Özal-Regierung wurde von EG-Staaten politisch, militärisch und finanziell vielseitig unterstützt. Dennoch unterliegen die Agrar- und Industrieprodukte der Türkei immer noch den Kontingentenregelungen der Europäischen Union.

Auch die Freizügigkeit der türkischen Arbeiter, die im Ankara-Vertrag ab 1976 versprochen worden war, hat sich nicht verwirklicht. Sie wurde von der EG einseitig und willkürlich um 10 Jahre (auf 1986) verschoben und wurde dann erneut gestoppt. Die EG-Staaten, besonders die BRD wollen davon nichts mehr hören. Auch wenn es von EG-Land zu EG-Land, von Firma zu Firma, und von Fall zu Fall Unterschiede gibt, kann man doch allgemein sagen, daß die türkischen Arbeiter in den EG-Staaten im Vergleich zu ihren einheimischen Arbeitskolleginnen und - kollegen ökonomisch, sozial, politisch und kulturell deutlich benachteiligt werden.

Einige Beispiele: Für gleiche Arbeit werden häufig unterschiedliche Löhne und Gehälter bezahlt. dies ist nicht nur in der Privatwirtschaft der Fall, sonder gilt auch für den Öffentlichen Dienst. In Berlin sind beispielsweise ca 250 türkische Lehrerinnen und Lehrer, die ihre Ausbildung in der Türkei erhalten haben, an den Schulen tätig. Im Vergleich zu ihren deutschen Kolleginnen und Kollegen sind sie deutlich unterbezahlt (BAT IVa oder BAT IVb). Der Senat begründet dies damit, daß diese Lehrkräfte nach ihrem Heimatrecht bezahlt werden. Erstens arbeiten die türkischen Lehrkräfte hier und nicht in der Türkei und über dies sie im Vergleich zu ihren deutschen Kollegen sogar mehrfach belastet, denn sie müssen sich in zwei Sprachen vorbereiten und übernehmen oft Dolmetscher- und Sozialarbeiteraufgaben.
Aber selbst wenn in der Logik des Senates bleibt, ist die Rechnung falsch, denn in der Türkei wird der Lohn jedes Lehrers, gleich welcher Ausbildung, Schulstufe oder Gehaltsgruppe, im Verlauf der Dienstjahre ständig erhöht. In Deutschland dagegen bleibt die Bezahlungsgruppe für türkische Lehrkräfte bei der einmal festgelegten Höhe.

Die Diskriminierung der türkischen Arbeitsemigranten beschränkt sich nicht auf niedrige Löhne. Als die Arbeiter in die EG-Länder geholt wurden, wurden sie zunächst von Kopf bis Fuß untersucht und die Gesunden ausgewählt. Die Arbeit, die ihnen gegeben wurde, bestand meist aus den schwersten, schmutzigsten und gesundheitsschädigsten Tätigkeiten. Dies ist auch heute noch der Fall.
Die türkischen Arbeiter bildeten und bilden so in den Betrieben und in der Gesellschaft allgemein die unterste Schicht, die mit den schlechtesten Lebensverhältnissen konfrontiert ist. Unabhängig von ihrer Qualifikation ist der

größte Teil von ihnen als un- oder angelernte Hilfsarbeitskräfte tätig. Der Aufstieg zum Facharbeiter stellt bereits einen Sonderfall dar und kommt häufig nur dann vor, wenn die Arbeitsplätze nicht von Einheimischen besetzt werden können. Eine Einbindung von einzelnen Arbeitsemigranten in höhere Positionen findet in begrenzten Rahmen auch statt, um die betriebliche Kontrolle über den Großteil der türkischen Arbeiterschaft leichter aufrecht erhalten zu können.

Die Arbeitslosigkeit ist unter türkischen Arbeitern etwa doppelt so hoch wie gegenüber ihren einheimischen Kollegen, wobei vor allem Frauen von dieser Benachteiligung betroffen sind. Besonders im Steigen ist interessanterweise auch die Arbeitslosigkeit unter Jugendlichen, die bereits in den EG-Ländern geboren sind. Ihre Diskriminierung beginnt bereits in der Schule. Die Möglichkeiten eines integrierenden und gleichberechtigten Bildungswesens für die Immigrantenkinder werden von den Länderregierungen nicht wahrgenommen. Fast überall in der EG erreichen mehr als 50% der türkischen Kinder noch nicht einmal den Abschluß nach der 10.Klasse. Ihnen werden in der Regel weder ihre Muttersprache noch ihre Heimatkultur vermittelt. Die Kinder und Jugendlichen, die durch ihre oft mangelhaften Deutschkenntnisse und die im Vergleich zu deutschen Arbeiterfamilien unglaublich viel schlechteren Lebens- und Wohnverhältnisse permanent benachteiligt sind, erleben so ihre Außenseiterrolle sehr früh. Dazu kommt ihre innere Zerrissenheit zwischen zwei Kulturen groß zu werden. Es gibt so gut wie keine Stützen für sie, um eine eigene Identität, die sich aus beiden Kulturen schöpft, zu entwickeln.

Als Folge hiervon treten schon bei kleinen Kindern häufig psychische und psychosomatische Störungen auf. Sie lernen weder ihre Mutter- noch die jeweilige Landessprache richtig zu beherrschen. Sie sind praktisch sprachlos, ihre Ausdrucksformen sind wie sie selbst innerlich zerrissen. Ohne Sprache ist jedoch ein vollständiger Denk- und Erkenntnisprozeß überhaupt nicht möglich. Es fehlt die Vermittlungsmöglichkeit, um die Erkenntnisse der beiden Gesellschaften zu verarbeiten. Die Kinder entwickeln daher nur schwer eine Identität, in der sie sich körperlich, geistig, kulturell und gesellschaftlich wiederfinden. Abhilfe könnten hier wohl am ehesten türkische Erzieher und Lehrkräfte leisten, die aber kaum eingestellt und zudem selbst diskriminiert werden.

Medien, Politiker und eine wenig reflektierende Öffentlichkeit machen diese Jugendlichen selbst zu "Problemen" und weisen die Verantwortlichkeit den Eltern zu, die sich angeblich zu wenig um ihre Kinder kümmern. Die Wahrheit ist jedoch, daß die Eltern mit der alltäglichen Diskriminierung selbst kaum klar kommen und außerdem meist schwere Arbeit und harte Lebensbedingungen ertragen müssen. Wer mit 4 Personen ein Zimmer teilt oder 12 Stunden täglich körperlich arbeitet, hat wenig Kraft, um sich mit den Problemen seiner Kinder auseinanderzusetzen und ihre Entwicklung zu fördern.

Insofern verschleiert die Beschuldigungen gegen die Eltern nur das eigentliche Problem: obwohl die EG-Ländern von einer Vereinigung Europas und einem Abbau der Grenzen reden, ist ihre Politik gegenüber Nicht-EG-Bürgern diskriminierend und ausländerfeindlich. Vor allem die türkischen Immigranten bekommen das zu spüren. Durch eine rigide Ausländerpolitik werden sie vor die Alternative gestellt, entweder in die "Heimat" zurückzukehren oder sich einbürgern zu lassen. Diese "Wahl" verkennt, daß die Rückkehr für viele, besonders für die hier geborenen Generationen aus materiellen und kulturellen Gründen völlig unmöglich ist.

Zu einer Einbürgerung würden zudem auch "Integrationsleistungen", die allerdings durch die Politik der Regierungen meist sytematisch behindert werden.
Das 1991 in der BRD in Kraft getretene Ausländergesetz ist ein Beleg für diese Praxis. Die zentrale Aufgabe dieses Gesetzes ist es, die in Deutschland lebenden Arbeitsimmigranten als flexible Arbeitskraftreserve im Land zu haben, der man jeder Zeit das Aufenthaltsrecht entziehen kann, und die in Krisensituationen als erste von Entlassungen betroffen sind. Außerdem werden nicht integrierbare, d.h für das Kapital nutzlose Ausländer aus dem Land heraus gedrängt.

Das Ausländergesetz trennt nicht nur zwischen Deutschen und Ausländern, sondern es unterteilt auch die Ausländer untereinander in Kategorien: Arbeitslose und Erwerbstätige, sozial Starke und Schwache, "Integrationsfähige" und "Integrationsunfähige". Dies alles widerspricht deutlich den angeblich anerkannten Prinzipien von Abkommen und Verfassungen. So heißt es im Ankara-Abkommen im Artikel 9:

"Die Vertragsparteien erkennen an, daß für den Anwendungsbereich des Abkommens, unbeschadet der besonderen Bestimmungen, die möglicherweise aufgrund von Artikel 8 erlassen werden, dem in Artikel 7 des Vertrages zur Gründung der Gemeinschaft verankerten Grundsatzes entsprechend jede Diskriminierung aus Gründen der Staatsangehörigkeit verboten ist."

Und ganz ähnlich heißt es auch im Grundgesetz der BRD im Artikel 3:

"Alle Menschen sind vor dem Gesetz gleich" ... "Niemand darf wegen... seiner Rasse,... seiner Herkunft, seiner politischen Anschauungen benachteiligt oder bevorzugt werden."

Das Ausländergesetz mißachtet diese Grundsätze. Professor Dr. Klaus Liebe-Harkort bemerkt zu dem 1991 verabschiedeten Gesetz:

"In jeder Kategorie gibt es Diskriminierte und Privilegierte, mehr vom ersten Typ. Eine solche Unterscheidung nützt der Exekutiven, also der Verwaltung sehr. Der einzelne wir immer streben, in die Gruppe der Privilegierten überzuwechseln, auch wenn die Aussichten noch so gering, die Hoffnungen schon nicht mehr vernünftig sind. Denn die Plätze dort sollen immer nur einen Bruchteil von der anderen Kategorie ausmachen.
Die Familien sind ohnehin schon zerrissen, auseinandergetrieben, in Konflikten verstrickt, weil die Generationen, die Geschlechter, die Hiesigen und Dortigen die Migration ganz anders erleben und verarbeiten. Aber das neue Gesetz, das notgedrungen immer mal wieder auf den grundgesetzlich verordneten Schutz der Familie hinweist, zerstückelt sie noch mehr: in Aufenthalts-, Nachzugs-, Einreise-, Visums-, Asyl-, Wiederkehr- und viele andere -berechtigte bzw. -unberechtigte."

Die Ausländerpolitik der EU-Staaten ist nicht zufällig so; sie ist Teil einer Strategie, die die Machtpositionen des Kapitals gegenüber der Arbeiterschaft stärkt und Positionsgewinne der europäischen Konzerne auf dem Weltmarkt ermöglicht.

Die türkischen Regierung reagieren gegenüber dieser schikanösen Praxis, die den eingewanderten Arbeitern immer wieder mit dem Entzug der Aufenthaltsberechtigung droht, hilflos und gelähmt. Sie "bitten" um die Verbesserung der Situation.

Durch die Ausländerpolitik in den EU-Ländern werden die türkische Regierung und die Menschen türkischer Nationalität mißachtet und ihre Menschenwürde verletzt. Sie führt gewissermaßen das Prinzip der Kolonialherrschaft, d.h der europäischen Herrenmenschen, die den Rest der Menschheit als Arbeitssklaven betrachten, weiter.

Zusammenfassend kann man also sagen, daß die Europäische Union die von ihr unterzeichneten Abkommen zu Assoziierung der Türkei an die EG schlichtweg ignoriert. Protektionismus für Produkte aus der Türkei und scharfe Einreisebeschränkungen für Menschen mit türkischem Paß sind die Wirklichkeit der Staaten der EU. Mit dem Ankara-Abkommen haben sie wahrlich nichts zu tun. Man kann also nur von Vertragsbruch und sogar Betrug von Seite der Europäischen Union reden.

III. Kapitel

Die heutige Lage der Türkei- in wirtschaftlicher, politischer, militärischer, kultureller und sozialer Hinsicht

1. Die Wirtschaft

Die Industrieländer attackieren- wie auch schon bei anderen Entwicklungsländern- jeden Ansatz einer nationalen Wirtschaftspolitik der Türkei. Besonders innerhalb der vergangenen zwölf bestimmten sie, vertreten durch Institutionen wie OECD, EG, IWF und Weltbank, immer stärker das ökonomische System des Landes.

Heute benutzen die Industrienationen die Türkei nicht mehr allein als Quelle für die Ausbeutung von Ressourcen, als Absatzmarkt für ihre Industrieerzeugnisse oder als nutzbringendes Terrain für Kapitalanlagen. Vor dem Hintergrund antiimperialistischer Tendenzen sowie eines wachsenden Bestrebens nach Gleichberechtigung und nach Überwindung der Unterentwicklung im Land, bemühen sich die Industriestaaten zusehends, nicht mehr nur die ökonomischen und politischen, sondern auch die sozialen Entwicklungsprozesse in der Türkei direkt zu kontrollieren. Nur so scheint die Expansion des Kapitalismus in den Entwicklungsländern stabil zu garantieren.

Die ausländischen Monopole, d.h die transnationalen Konzerne, sind bestrebt der Türkei ihre Vorstellungen von Industrialisierung und ökonomischen Beziehungen aufzuzwingen, um so die unterdrückte Lage des Landes im modernen kapitalistischen Weltwirtschaftssystem aufrechtzuerhalten und langfristig hohe Profite zu sichern.

Die auf unterschiedliche Weise praktizierte Beteiligung von transnationalen Konzernen an einheimischen Monopolen, von bürgerlichen Ökonomen als "neue Investitionsform" gelobt, hat in der Türkei besonders in jüngster Zeit erheblich an Stellenwert gewonnen. die so entstandenen gemischten Gesellschaften (*joint ventures,* die sich aus ausländischem und einheimischem Kapital zusammensetzen) gründen sich in erster Linie auf der technologischen Abhängigkeit der Türkei. De facto handelt es sich um eine andere Form der außenwirtschaftlichen Expansion der Industrienationen in die Türkei bzw. in die Entwicklungsländer im allgemeinen. Man versucht, die neokolonialistischen Politikformen, insbesondere auf dem technologischen Gebiet, zu verschleiern. Die *Joint Ventures* ermöglichen es den beteiligten Monopolen, ihre Position vor allem auf ökonomischer, aber auch auf sozialpolitischer, militärischer und kultureller Ebene zu festigen. Die Kapitalbeteiligung an einheimischen Unternehmen stellt ein sicheres Standbein der Industriestaaten in den Entwicklungsländern dar, ohne jedoch in gleicher Weise wie die direkten Tochterunternehmen multinationaler Konzerne Aufmerksamkeit auf sich zu ziehen.

Zudem können ausländischen Kapitalbesitzer Vergünstigungen erwarten, wie sie für einheimischen Industrien vorbehalten waren. So können *Joint Ventures* Steuervergünstigungen, Zollschutz und andere Sonderrechten genießen. Sie haben auch direkten Zugang zum nationalen Kapitalmarkt.

Diese Beteiligungsform von ausländischem Kapital wurde vor allem unter der Regierung von Turgut Özal gefördert, der in den vergangenen Jahren nach und nach sämtliche Beschränkungen für das Auslandskapital aufgehoben hat. Heute sind ausländische Unternehmen gegenüber einheimischen fast gleichberechtigt.

Für das ausländische Kapital war und ist die politische und soziale "Sicherheit" immer noch eng mit dem reaktionär-faschistischen Militärregime verbunden. Das Ziel ist nach wie vor , antiimperialistischen Tendenzen Einhalt zu gebieten, wobei allerdings nicht mehr die Linke, sondern vor allem die "Reislamisierung" und der "ökonomische Nationalismus" als Gefahr begriffen werden.

Als Fazit läßt sich festhalten, daß trotz der im Gegenzug zu den derzeitigen Entwicklungen erstarkenden religiös oder nationalistisch eingestellten Minderheiten, die Zunahme von gemischten Kapitalgesellschaften (*Joint Ventures*) eine Entnationalisierung und Entideologisierung der Bevölkerung nach sich gezogen hat. Als zweite wichtige Konsequenz der Entwicklung ist außerdem die Verfestigung des Abhängigkeitsverhältnisses der Türkei gegenüber den Industriestaaten zu nennen. Sowohl ökonomisch-technologisch als auch politisch und militärisch hat die internationale Kapitalverflechtung die bestehende Rolle der Türkei im Weltsystem (als schwache Ökonomie) eher gefestigt als in Frage gestellt.

Die kritiklose Übernahme zahlreicher westlicher Kulturphänomene durch die türkische Bevölkerung hat vor allem mit der Rolle der Massenmedien zu tun, die inzwischen die Mehrheit der Türken umfassend manipuliert.

Die ehemalige Regierungs- und Staatspräsident Özal meinte über die Entwicklung der letzten Jahre:

"Die Türkei hat eine Ära übersprungen- Türkiye cag atladi".

In der Realität haben allerdings nur die mit den ausländischen Unternehmen zusammenarbeitenden Monopole und Eliten eine Ära übersprungen, nicht aber die Mehrheit der Bevölkerung.

Einige wichtige Daten und Erklärungen

Ausländische Firmen in der Türkei aufgelistet nach Herkunftsländern (Stand: Ende September 1990):

Herkunftsland	Anzahl der Firmen	Anteil am gesamten Auslandskapital in %	Beteiligung des ausländischen Kapitals in %
BRD	285	10,18	42,59
Iran	180	0,94	88,41

England	142	18,44	72,44
USA	134	10,69	55,67
Multinational	133	-	100
Schweiz	130	12,34	39
Syrien	90	0,43	76,19
Saudi-Arabien	46	2,77	33,82
Italien	45	8,61	62,06
Libanon	30	0,21	37,62
Japan	27	3,49	62,07
Gesamt	**1.717**	**100**	**49,92**

Quelle: *Staatliche Planabteilung DPT, Bes Yillik Kalkinma Plani (1990-1994) 1991 Yili Programi, S. 72/73*

Sektorale Verteilung des ausländischen Kapitals (1980-1990):

- Agrarwirtschaft und Bergbau   2%

- Dienstleistungen: 37%

- verarbeitende Industrie: 61%

Zur weiteren Entwicklung des beteiligten ausländischen Kapitals äußerte der Industrie- und Handelsminister Sükrü Yürün:

"Die liberale türksiche Wirtschaftspolitik strebt seit 1984 die Außenöffnung und den Zufluß ausländischen Kapitals an. Neue Gesetze und die erreichte Stabilität erhöhen den Zufluß des ausländischen Kapitals. Im letzten Jahrzehnt ist 25 Mal mehr ausländisches Kapital als bis 1980 ingesamt in die Türkei geflossen. 1990 wurde es auf 6 Milliarden Dollar erhöht." [10]

Die oben angegebenen Daten sowie das Statement des Ministers zeigen deutlich, daß sowohl die Fremdkapitalmenge als auch die Zahl der ausländischen Firmen im Land gestiegen sind. Vor allem gewannen multinationale Konzeren an Bedeutung (133 Firmen). Verglichen aber mit der Menge ausländischer Unternehmen in der Türkei und den immensen Ansprüchen der einheimischen herrschenden Kreise auf

---

[10]vgl. New Spot Nachrichten aus der Türkei, Ankara, 9. Mai 1991

ausländisches Kapital sind 8 Milliarden Dollar- darauf belief sich sich die Summe des Fremdkapitals im Jahr 1991- ein winziger Betrag.

Eine große Zahl ausländischer Firmen arbeitet mit nur geringem Kapitaleinsatz, um die in der Türkei sich bietenden Möglichkeiten optimal für sich zu nutzen. Im Juni 1991 produzierten etwa 2000 türkische Unternehmen mit ausländischem Kapital: davon 1.276 (43,2%) im Dienstleistungsbereich, 533 (40%) in der verarbeitenden Industrie, 57 (5,1%) auf dem Agrarsektor und 31 (1,5%) im Bergbau.

Auf Platz eins der Einflußskala über die türkische Wirtschaft liegen die Deutschen. In Zahlen ergibt sich folgende Reihenfolge von ausländischen Investoren in der Türkei: Deutschland ist mit 322 Firmen, der Iran mit 186 vertreten, aus England kommen 153 Unternehmen, dicht gefolgt von den USA mit 145 und der Schweiz mit 134 Firmen.[11] Auf diese Weise beherrschen ausländische Konzerne nahezu 90% des gesamten türkischen Wirtschaftspotentials.

Einige türkische Firmen, die mit ausländischen Investoren zusammenarbeiten oder mit ihnen verschmolzen sind, traten in jüngster Zeit auch verstärkt im Ausland auf. Leider nutzen sie ihr Potential meist nicht genügend. Hätten sie eine zufriedenstellende Förderung von Staatswegen erfahren, wären sie heute in der Lage, die ökonomischen Möglichkeiten in den entsprechenden Ländern, meist EG-Mitglieder, optimal auszuschöpfen.

Die türkischen Regierungen verhielten sich jedoch bis dato sehr ungeschickt, d.h äußerst passiv. Ihre Interessen beschränkten sich auf Wahlgewinne, auf die sie ihr ganzes Kalkül richteten. Die wirtschaftspolitischen Versäumnisse der Machthaber verhinderten eine ernstzunehmende Konkurrenzfähigkeit der Türkei. Ein Grund hierfür ist, daß die meisten ausländischen Investoren nicht geneigt sind, das Land mit modernster Technologie auszustatten, sondern es vielmehr als reinen Absatzmarkt betrachten. Dem entgegenzuwirken wäre heute mehr denn je eine der Hauptaufgaben des türkischen Staates. Empfehlenswert wäre eine konstruktive staatliche Zusammearbeit zum einen mit einheimischen und ausländischen Unternehmen, zum anderen mit den innerhalb der EU niedergelassenen türkischen Gast-Firmen. Auch Unternehmensneugründungen wären von Vorteil, um die ausländischen Märkte zu erschließen und das Land konkurrenzfähig zu machen.
Erst dann wird die EG bereit, ja gezwungen sein, die Türkei als vollwertiges Mitglied anzuerkennen und aufzunehmen. Vor dieser Seite scheint jedoch bisher noch keine der türkischen Regierungen die Problematik ihres Landes betrachtet zu haben.

Das Potential der türkischen ist wie gesagt sehr groß. Das läßt sich an einigen Beispielen zeigen:

Energiesektor: In der Türkei gibt es ein größeres Energiepotential als allgemein angenommen. Die in weiten Landesteilen 9 Monate im Jahr scheinende Sonne ist in letzter Zeit als Energiequelle entdeckt worden. Auf vielen Dächern, auch auf dem

---

[11]vgl. New Spot Nachrichten aus der Turkei, Ankara, 20. Juni 1991

Land, befinden sich heute Solar-Panals, die zumindest eine Versorgung der Wohnhäuser mit Warmwasser sicherstellen.
Darüberhinaus besitzt die Türkei aber auch Erdöl-, Erdgas-, Wasser-, Wind- und Bioenergiepotentiale, die weit über ihren eigenen Bedarf hinausgehen. Leider wird die Entwicklung mancher Energiequellen nicht ausreichend gefördert, dennoch ist allgemein ein deutlicher Fortschritt in der Erschließung verschiedener Energiequellen zu verzeichnen.

Inzwischen deckt die Türkei einen großen Teil ihres Erdöl- und Erdgasbedarfs aus eigenen Reserven. In den letzten Jahren wurden große neue Vorkommen entdeckt, so daß 1991 die Türkische Erdöl AG 3,4 Millionen Tonnen und die ausländischen Erdölgesellschaften 1 Millionen Tonnen Öl fördern konnten. 1990 hatte die Türkische Erdöl AG, die im übrigen auch im Ausland, z.B in Ägypten und in den zentralasiatischen ehemaligen Sowjetrepubliken nach Öl bohrt, noch 700.000 Tonnen weniger produziert.

Dazu kommen zahlreiche Staudammprojekte und eine allgemeine Steigerung des Stromhaushaltes. Das umstrittenste Wasserkraftprojekt ist das sogenannte GAP-Projekt in Südostanatolien, das zur Überflutung riesiger Landflächen und zur Vertreibung von Tausenden von Bauern geführt hat. Das zumeist kurdisch bewohnte Gebiet des GAP-Projektes ist im Gegensatz zur Westtürkei deutlich unterentwickelt und wurde von den meisten Regierungen immer bewußt oder unbewußt vernachlässigt. Das jetzige Staudammprojekt ist dagegen das größte, was in der Türkei je durchgeführt wurde und umfaßt 13 Unterprojekte in den Provinzen Siiert, Urfa, Mardin, Gaziantep, Adiyaman und Diyarbakir. Vorgesehen ist die Errichtung von 21 Staudämmen und 17 Wasserkraftwerken an Euphrat und Tigris, die bis zum Jahre 2001 abgeschlossen sein soll. Das würde bedeuten, daß dann 1,85 Millionen Hektar Land bewässert und 26 Mrd Kilowattstunden Strom produziert werden können. Das ist so viel wie die gesamte Stromerzeugung der Türkei des Jahres 1981.
Gleichzeitig wird eine Fläche der Größe der Beneluxstaaten einfach überflutet werden. Vorgesehen sind für die kurdisch bewohnten Provinzen noch weitere Entwicklungsprogramme, so sollen in Adiyaman der Tourismus in Diyarbakir die Speiseölindustrie, in Siirt die Fleisch- und Lederverarbeitung und in Urfa die Textilindustrie angesiedelt werden.

Mit dem ganzen Entwicklungsprojekt wird beabsichtigt, den Ost-West-Unterschied zu verringern, und die kurdische Bevölkerungsmehrheit im Osten zu "integrieren" bzw. zu assimilieren.

Automobilindustrie: Hatte die Autoindustrie der Türkei anfangs nur einen Montagecharakter, änderte sich dies mit der zunehmenden Beteiligung von einheimischen Unternehmen. Heute werden in der Türkei nicht mehr nur PKWs, sondern auch Lastfahrzeuge, Busse, Minibusse, Traktoen und Jeeps hergestellt. Die Firmen OYAK-Renault, TOFAS-Fiat, Otasan-Ford und GM-Opel produzieren Personenfahrzeuge. In den letzten Jahren dazugekommen sind außerdem Toyotasa (Toyota-Sabinci), die Joint Venture aus Nissan und dem zur Cukurova-Holding gehörigen Unternehmen BMC sowie Citroen-Peugeot-Cukurova.
   Diese Unternehmen entwickeln sich einer jährlichen Produktion von 100.000 Fahrzeugen jährlich entgegen. Schon jetzt wird ein Großteil der Nachfrage in der

Türkei von der Produktion im eigenenLand gedeckt. Exportiert wird ist afrikanischen Länder, nach Italien, Spanien und Frankreich, und in den letzten Jahren vor allem auch in die osteuropäischen Staaten.

Eisen-Stahl-Industrie: Im Jahre 1991 hat die Türkei bei der Türkei dieser Branche den 19.Platz in der Welt erreicht- Sie deckt nunmehr den größten Teil der eigenen Nachfrage und exportiert u.a auch in die EU.

Textilindustrie: Die türkische Textilindustrie ist weit entwickelt, sie hat jedoch große Exportschwierigkeiten. Insbesondere die Einfuhrbeschränkungen der USA und der EU hindern die Türkei daran, ihr Produktionpotential voll auszuschöpfen. Im Jahre 1991 betrugen die Einnahmen aus den Textilexporten trotzdem satte 2,6 Mrd Dollar.

Chemie- und Pharmaindustrie: Angestiegen ist hier vor allem der Export in die osteuropäischen Staaten. Der Gesundheitsminister Sivgen meinte zu den Chancen der Branche auf dem Weltmarkt:

> *"Die türkische Pharmaindustrie kann mit den westlichen Ländern konkurrieren und die in der Türkei produzierten Medikamente sind dabei etwa 50% billiger."..."Der heutige Bedarf der ehemaligen Sowjetunion beträgt ca. 2 Mrd Dollar und wir können 50% dieses Bedarfes decken."*

Lebensmittelindustrie: Die Türkei nimmt den 7.Platz unter den Ländern, die sich mit eigenen Mitteln ernähren und dabei noch einen Überschuß produzieren können. Die Entwicklung der Lebensmittelindustrie ist nicht neu. Aber auch hier gilt, daß die Abhängigkeit vom Ausland, vor allem aufgrund der technologischen Rückständigkeit, und eine schlechteWirtschaftspolitik eine volle Ausschöpfung des vorhandenen Potentials verhindert haben.

Die Lebensmittelindustrie deckt vor allem die Nachfrage der türkischen Arbeitsemigranten im Ausland sowie der durch diese gegründeten Läden.

Elektroindustrie: Auch hier hat die Kooperation von türkischen und ausländischen Unternehmen dazu geführt, daß zahlreiche Elektrogeräte heute im Land selbst produziert werden können. Der größte Teil des Elektrobedarfs wird heute aus einheimischer Produktion gedeckt. Überwiegend werden Farbfernseher hergestellt, wobei auch exportiert wird. Die Abnehmer sind vor allem Deutschland, England, Frankreich, Spanien und die ehemalige Sowjetunion.

Tourismus: Die Branche ist zu einer der wichtigsten Devisenquellen für die Türkei geworden. Nicht zu übersehen ist allerdings auch die katastrophale Politik, die die Regierung in diesem Bereich gemacht hat. Die drei Küstenstreifen sind zum Teil verwüstet und mit riesigen Betongebäuden vollgestopft worden. Die Umweltverschmutzung nimmt zu und auf Naturressourcen wird keine Rücksicht genommen. Es ist also aus den Fehlern anderer Länder, wie z.B Spaniens nichts gelernt worden.

Notwendig gewesen wäre ein umfassender Plan, der nicht nur den kurzfristigen Devisenerwerb im Auge hat, sondern auch die Erhaltung der Natur sowie eine gute Ausbildung für das Personal.
Die Einnahmen aus dem Tourismus haben sich folgendermaßen entwickelt: 1987 1,7 Mrd Dollar, 1988 2,3 Mrd Dollar, 1989 2,5 Mrd Dollar und 1990 4 Mrd Dollar[12]. Aufgrund des "Terrorismus" sind die durchschnittlichen Einnahmen zwischen 1990 und 1993 nicht mehr über 3 Mrd Dollar gestiegen. Das Potential der Branche liegt nach Schätzungen allerdings bei ca. 15 Mrd Dollar jährlich.

Bauindustrie: Auch hier ist eine deutliche Entwicklung gemacht worden. In den letzten 10 Jahren konnten türkische Baufirmen auch im Ausland verstärkt Fuß fassen. Seit 1991 wurden so für über 20 Mrd Dollar Aufträge im Ausland, vor allem in den arabischen Ländern und in den zentralasiatischen ehemaligen Sowjetrepubliken, ans Land gezogen.

Zusammenfassend kann man sagen, daß die Privatwirtschaft in der Türkei floriert, während es der Bevölkerung schlecht geht. Ein Großteil der Konkurrenzfähigkeit türkischer Unternehmen ist schließlich dem extrem niedrigen Lohnniveau geschuldet. Völlige Armut, riesige unterentwickelte Regionen und Arbeitswochen 70-80 Stunden gehören also genauso zu dem Bild der Türkei wie die nach oben zeigenden Exportzahlen.

2. Die politische Lage und die Parteien

Die eben charakterisierten ökonomischen Verhältnisse bestimmen in einer langfristigen dialektischen Wechselbeziehung auch die Politik. Wie wir gesehen haben, ist die türkische Wirtschaft von Monopolen beherrscht, die etwwa 80% des wirtschaftlichen Lebens kontrollieren.

Obwohl jedoch vor allem europäische Konzerne, und darunter vor allem bundesdeutsche, in der türkischen Wirtschaft den Ton angeben, sind es andererseits die USA, die bestimmend auf die Außenpolitik des Landes einwirken. Vermittelt wird dies durch internationale Institutionen wie IWF, Weltbank und NATO, die sowohl den militärisch-industriellen Komplex als auch den Militärkurs der Türkei letztendlich definieren. Es ist also nach wie vor Washington, das militärstrategische Verhalten der Türkei in der Nah-Ost-Region plant.

Innenpolitisch wirken die ausländischen Kräfte auf die Türkei so ein, daß die günstigen Bedingungen für transnationale Konzerne und ausländische Kapitalanlagen erhalten bleiben. D.h vor allem die Arbeitslöhne werden niedrig gehalten, Steuervorteile gewährt und es gibt kaum Umweltauflagen für die Investoren. Die Regierung sichert diese Privilegien ab, indem sie mit staatlicher Repression auf den Widerstand von Arbeitern reagiert. Sie stellt den ausländischen

---

[12]vgl. Cumhuriyet 18.2.1991

Investoren außerdem den großen türkischen Binnenmarkt und ein Sprungbrett für die Absatzmärkte in der ganzen Nah-Ost-Region zur Verfügung. Gerade diese letzte Funktion, nämlich der westliche Brückenkopf in der Region zu sein, hat an wirtschaftlicher Bedeutung gewonnen. Der Handel mit den zentralasiatischen Republiken der ehemaligen Sowjetunion, in denen die Turk-Völker einen großen Bevölkerungsanteil darstellen, wird zu einem erheblichen Teil über die Türkei abgewickelt werden.

Innenpolitisch verhindern die konservativ-reaktionären Kreise der USA und der EU-Staaten eine Demokratisierung der Türkei, die sie als destabilisierenden Faktor betrachten und daher ablehnen. Der jetzige Status Quo, der so viele Vorteile bietet, wird gesichert, auch wenn allen Verantwortlichen klar ist, auf welcher verbrecherischer Grundlage er zustande gekommen ist.

Die heutige politische Situation ist von 14 Jahren Militärdiktatur bzw. autoritärer Demokratien unter den Regierungen Özal, Demirel und Ciller geprägt. Dies hat sich auch nicht mit der ersten frei gewählten Koalitionsregierung von DYP und SHP geändert. Die relative Demokratisierung, die unter Demirel und Inönü eingeleitet werden sollte, kam nie zustande, weil die neue Regierung schnell einen Kompromiß mit den faktischen Mächten im Land, vor allem den Militärs, suchte. Sowohl was die Unterdrückung der kurdischen Bevölkerung und der demokratischen Opposition als auch was die bevölkerungsfeindliche, neoliberale Wirtschaftspolitik betrifft, unterscheidet sich die neue Regierung nicht von ihren Vorgängern, dem Junta Regime und der Özal-Regierung. Es gibt nach wie vor Folterungen, Bombardierungen von Dörfern in Südostanatolien, Kurdenvertreibungen, Pressezensur und die repressive Unterdrückung von Streiks.

Die Politik der westlichen NATO-Partner ist in diesem Zusammenhang inkonsequent bis heuchlerisch. Die herrschenden Kreise in der Türkei werden mit Finanz- und Militärhilfe aufwendig unterstützt, und das obwohl bekannt ist, wie viele Menschenrechtsverletzungen die türkische Regierung zu verantworten hat. Gleichzeitig verlangen vor allem die EU-Staaten immer wieder eine Demokratisierung der Verhältnisse. Die Ablehnung des EU-Beitritts der Türkei wird unter anderem mit den Menschenrechtsverletzungen und undemokratischen Verhältnissen gerechtfertigt. Man kann sich des Eindrucks nicht erwehren, die EU verfolge eine Art Doppelstrategie: sie sichert den Status Quo in der Türkei und verweigert genau mit diesem Argument den Beitritt. So können die vorteilhaften Produktionsbedingungen aufrecht erhalten und eine ungewollte Vollmitgliedschaft verhindert werden.

Die wichtigen politischen Parteien

Wie bereits im historischen Überblick gezeigt, hat die nach dem Putsch an die Macht gekommene Militärjunta im Jahr 1980 alle Parteien, Berufsverbände, Vereine
und Gewerkschaften (mit zwei Ausnahmen, einer islamisch-konservativen und einer rechtsdemokratischen Gewerkschaft) verboten. Im November 1982 wurde unter dem *Nationalen Sicherheitsrat (NSR),* der sich aus fünf Generälen zusammensetzte, eine neue undemokratische und zum Teil faschistische Verfassung verabschiedet. 5 Monate später folgte ein Parteien- und Wahlgesetz,

das vorsah, daß ehemalige Parteifunktionäre, Parlamentarier und Minister an Parteineugründungen nicht mehr teilnehmen durften.

Zu den Wahlen im November 1983 wurden denn auch nur 3 Parteien zugelassen, nämlich die Juntapartei *Nationalistisch-Demokratische Partei (MDP)*, die *Mutterlandspartei (ANAP)* und die *Volkspartei (HP)*. Der NSR legte bis zum August 1983 gegen 450 der 780 vorgeschlagenen Parteigründungsmitglieder ein Veto, von dem besonders die *Sozialdemokratische Partei (SODEP)* und die DYP betroffen waren. Ihre Teilnahme an den Wahlen wurde daduch verhindert.

Wie bereits erwähnt gewann die ANAP unter undemokratischen Bedingungen die absolute Mehrheit in der Nationalversammlung der Türkei.
Nach ihrem Sieg wurden die alten Parteien, die es vor dem Putsch gegeben hatte, mit neuen Namen wieder gegründet. Erst 1992 wurde das Verbot, das die Junta verhängt hatte, aufgehoben. Damit stellte sich die Frage, ob die Parteien die alten Namen wieder übernehmen bzw. mit anderen Gruppierungen zu den alten Formationen zurückkehren sollten. De facto hat sich jedoch nicht viel getan.

Die Mutterlandspartei (ANAP)

Der Vorsitzende der ANAP war Turgut Özal, der bis zu seinem Tode Staatspräsident war. Jetziger Vorsitzender der ANAP ist Mesut Yilmaz. Die ANAP setzt sich aus der Basis von vier ehemaligen Parteien zusammen, man sagt im türkischen auch "sie hat vier Beine".
Ihre Mitglieder kommen aus der *Nationalen Heilspartei (MSP)*, der *Gerechtigkeitspartei (AP)*, der *Nationalen Aktionspartei (MHP)* und dem rechten Flügel der *Republikanischen Volkspartei (CHP)*. D.h sie repräsentiert in etwa das Spektrum der rechten *Nationalen Front*, die bereits in den 60er und 70er Jahren mehrmals an der Regierung war.

Die ANAP vertritt, wie nicht anders zu erwarten, die Interessen der zivil-militärischen Oligarchie sowie der transnationalen Konzerne. Als Folgeregierung nach der Militärjunta ist ihr gelungen, den autoritären Charakter des türkischen Staates in ein ziviles Kleid zu hüllen. Unter ihrer Regentschaft haben sich Staatsterror, Unterdrückung, Bestechungen, Korruption, Vetternwirtschaft, organisierte Verbrechen quantitativ und qualitativ weiterentwickelt. Die Reichen sind unter der ANAP reicher geworden, die Armen ärmer. Der von vielen lobend erwähnte Modernisierungssprung der türkischen Wirtschaft unter der ANAP-Regierung ist also für die Bevölkerungsmehrheit nicht von Vorteil gewesen.

Die Partei des Richtigen Weges (DYP)

Der Vorsitzende der DYP war zunächst Yildirim Avci, der später vom ehemaligen Premierminister (und heutigen Staatspräsident) Süleyman Demirel ersetzt wurde. Seit der Wahl Demirels zum höchsten Amt in der Republik wird die Partei von Ministerpräsidentin Tansu Ciller geführt.

Die Gründer und Mitglieder der Partei stammen mehrheitlich aus der *Gerechtigkeitspartei (AP)* bzw. der *Demokratischen Partei (DP)*. Ihre Funktionäre erklären, daß die DYP die Nachfolgerin dieser Parteien ist. Sie unterscheidet sich politisch nicht wesentlich von der ANAP, ist jedoch etwas demokratischer einzuschätzen als diese. So bemühtw sie sich um liberales, erneuertes Bild in der Öffentlichkeit.

Im Wahlkampf 1991 machte die DYP zahlreiche Versprechungen für eine grundlegende Demokratisierung der türkischen Gesellschaft. Ihr Programm unterschied sich nicht mehr wesentlich von dem der sozialdemokratischen SHP. Trotzdem läßt sich heute nach zweieinhalb DYP-SHP-Koalition feststellen, daß die versprochenen Änderungen nicht verwirklicht worden sind. Die DYP hat die Konfrontation mit den faktischen Mächten vermieden und stattdessen einen Konsens mit diesen entwickelt. Man kann davon reden, daß die Partei in dem Machtapparat der Türkei aufgegangen ist.

Diese Tendenz hat unter der Ministerpräsidentin Tansu Ciller weiter beschleunigt.

Die Sozialdemokratische Volkspartei

Ähnliches gilt in abgeschwächter Form auch für den Koalitionspartner der DYP, die SHP, die aus einer Fusion der *Volkspartei (HP)* und der *Sozialdemokratischen Partei (SODEP)* hervorgegangen ist.
Ihr Vorsitzender war bis zum August 1993 der Sohn des ehemaligen Staatspräsidenten und Marschals Ismet Inönüs, Prof. Dr. Erdal Inönü. Er galt eher als Wissenschaftler als als Parteifunktionär.

Die SHP hat wie ihre 1992 relegalisierte Vorgängerpartei, die CHP, drei Flügel. Der erste ist reaktionär-konservativ und unterscheidet sich kaum von den Parteien der Rechten. Der mittlere Flügel nimmt kaum politische Positionen ein und betrachten die Partei hauptsächlich ein Sprungbrett für die persönliche Karriere. Den dritten Flügel repräsentiert die Parteilinke, die ihrerseits in zwei Fraktionen gespalten ist. Die erste strebt allein Reformen innerhalb des kapitalistischen Systems an, während die zweite mit den Reformen eine zum Kapitalismus alternative Wirtschaftsform erreichen will. Die zweite linke Fraktion ist allerdings ausgesprochen schwach und zeigt sich eigentlich nur noch theoretisch.

Alle drei in der Türkei heute bestehenden sozialdemokratischen Parteien SHP, DSP und CHP weisen diese unterschiedlichen Linien auf. Sie unterscheiden sich also politisch nicht allzu stark voneinander. Dennoch war es ihnen bisher unmöglich, einen ernsthaften Vereinigungsprozeß in Gang zu bringen. Für zu viele Parteifunktionäre ist die eigene Partei eine Karriereleiter, die sie nicht verlieren möchten.

Aus genau dem gleichen Grund, nämlich der angestrebten Karriere und Beteiligung am staatlichen Machtapparat, ist auch die SHP seit ihrer Regierungstätigkeit nicht in der Lage, die im Wahlkampf gemachten Versprechen einzulösen. Zu bequem haben es sich viele Parteifunktionäre auf ihren Posten bereits gemacht, als daß sie jetzt eine scharfe Konfrontation mit den faktischen Mächten im Staat eingehen wollten.

Die Partei des werktätigen Volkes (HEP) und die Demokratische Partei (DEP)

Die HEP wurde im Juni 1990 gegründet, bestand allerdings nur 2 Jahre und wurde dann verboten. Die *Demokratische Partei (DEP)* gilt als die Nachfolgepartei der HEP.
Die *Partei des werktätigen Volkes* wurde von 11 Abgeordneten der SHP gegründet, die aus der Partei ausgeschlossen wurden oder selber ausgetreten waren. Der Grund für den Ausschluß von 7 Abgeordneten aus der SHP bestand darin, daß diese an einer kurdischen Konferenz in Paris teilgenommen hatten. 4 weitere Abgeordnete traten daraufhin freiwillig aus der SHP aus.

Der Vorsitzende der HEP war der unabhängige Abgeordnete Fehmi Isiklar, ein ehemaliger CHP-Parlamentarier. Die Partei wurde ständig beschuldigt, ein legaler Arm der *Kurdischen Arbeiterpartei (PKK)* zu sein und kurdische Unabhängigkeitsbestrebungen im Parlament zu vertreten. Zum Eklat kam es, als die HEP-Abgeordnete Leila Zana bei ihrer Vereidigung im türkischen Parlament dem Schwur einen kurdischen Satz beifügte.

Objektiv arbeitete die HEP für die Basisdemokratie in der Türkei und für eine demokratische und menschliche Lösung des Kurdenproblems. Auch ihrer Nachfolgepartei DEP, die von dem Herausgeber der linken Tageszeitung *Özgür Gündem,* Yasar Kaya, geführt wird, droht jetzt die Illegalisierung. Außerdem tobt ein schmutziger Krieg gegen die Partei. Sympathisanten und sogar Abgeordnete der DEP wurden von "unbekannten Tätern" ermordet, von denen Menschenrechtsorganisationen glauben, daß sie in den türkischen Geheimdiensten zu suchen sind.
Yasar Kaya wurde außerdem zu 2 Jahren Gefängnis und ca. 150.000 DM Geldstrafe verurteilt, weil er angeblich "separatistische und terroristische Propaganda" gemacht habe.

Da man befürchtet, daß die DEP die Kommunalwahlen im Frühjahr 1994 in Südostanatolien gewinnen könnte, bemüht sich die türkische Generalstaatsanwaltschaft jetzt um ein Verbot der Partei.

Die Demokratische Linkspartei (DSP)

Die DSP wurde von der Ehefrau des ehemaligen Ministerpräsidenten der CHP, Bülent Ecevit, gegründet und dann später, nach der Aufhebung des Parteienverbots gegen ihn, von Ecevit selbst übernommen. Die Partei steht unter seiner persönlichen Regie und wird von allmächtig verwaltet.

Obwohl Ecevit eine Persönlichkeit für Liberale, Sozialdemokraten, Fortschrittliche und Kemalisten darstellte, ist die DSP schwach geblieben. Das hat vor allem mit Ecevits Verhalten unter der Militärdiktatur und der Özal-Regierung zu tun. Anstatt sich entschieden gegen die Machthaber zu stellen und eine gemeinsame demokratische Opposition aufzubauen, verfolgte Ecevit vor allem persönliche Interessen. Sein stärkster Widerstand galt so nicht der regierenden ANAP, sondern der SHP, die er als Konkurrentin empfindet und bekriegt.
Sein karrieristischer Ehrgeiz hat ihn in den Augen der Bevölkerung herabgesetzt. Ein großer Teil seiner Ansehens ist dadurch verloren gegangen.

Die Fusion seiner Partei mit der SHP hat Ecevit immer abgelehnt. Ihm strebt ihm eine sozialdemokratische Bewegung unter seiner Führung vor. Zu Kompromissen ist er nicht bereit. Die DSP hat sich dazu bekannt, keine marxistische Partei zu sein und eine westliche Demokratie anzustreben. Darüberhinaus hat sie sich in den letzten Jahren mit chauvinistischen und großtürkischen Äußerungen hervorgetan.

Die Wohlstandspartei (RP)

Der Vorsitzende der RP ist Prof. DR. Necmettin Erbakan, der früher Vorsitzender der *Nationalen Heilspartei (MSP)* war. Deren Vorgängerorganisation, die *Nationale Ordnungspartei (MNP)* war 1973 wegen fanatischer Ablehnung des Laizismus verboten worden.

Die RP vertritt wie ihre Vorläuferinnen vor allem kleine und mittlere Unternehmer mit religiösen Anschauungen, darunter besonders einen Teil der anatolischen Unternehmerschaft und die fanatischen konservativen Schichten.
Grundlage ihres Programmes ist der Islam, die von ihr angestrebte Ordnung beruht auf dem islamischen Religionsrecht, dem *Scheriat.*

Die Nationale Arbeitspartei (MCP) -seit 1992 wieder MHP

Der Vorsitzende der MCP ist Alpaslan Türkes, ein pensionierter Major, der bereits Vorsitzender der *Nationalen Aktionspartei (MHP)* war. Die MHP entstand 1965 unter Türkes, der die damalige *Republikanische Nationale Bauernpartei* umbenannte und deren Programm änderte.

Die MCP stützt sich in ihrem Parteiprogramm auf den Turanismus, der gleichermaßen eine Islamisierung wie eine Modernisierung des Staatswesens anstrebt und als Fernziel von einem großtürkischen Staat unter Einbeziehung aller von Turkvölkern besiedelten Territorien ausgeht.

Ihre politische Linie läßt sich als neofaschistisch bezeichnen, und geht von der These aus, daß die wirtschaftliche und politische Ordnung von einer autoritären, chauvinistischen Bewegung stabilisiert werden muß.

MCP und RP haben im Oktober 1991 ein Wahlbündnis geschlossen, in dem es gemischte Kandidatenlisten gab. Sie verfügen über 65 Abgeordnete. Die Grundlage ihres Bündnisses ist die islamistische Weltanschauung, dennoch gibt es gravierende Unterschiede. Während die MCP/ jetzt MHP an erster Stelle den großtürkischen Turanismus und an zweiter Stelle den Islam vertritt, ist es für die RP genau andersherum. Für sie ist das religiöse Element wichtiger als der Turanismus.

Untereinander konkurrieren die beiden Parteien MHP und RP um die Anhängerschaft, nach außen jedoch verhalten sie sich solidarisch zueinander.

Weitere Parteien, die weniger Einfluß haben oder neu gegründet wurden

Die meisten der Parteien, die sich als Arbeiterparteien bezeichnen, waren in den letzten 14 Jahren vor allem damit beschäftigt, ihr Fortbestehen unter den repressiven und diktatorischen Regimen in der Türkei zu sichern. Bis auf kurze Phasen in den 70er Jahren waren die Arbeiterparteien illegal, was die Arbeit deutlich erschwert hat. Zahlreiche Fehler sind diese Umständen geschuldet gewesen.

Kennzeichnend für diese Parteien war und ist auch, daß sie wenig marxistisch geschulte Führungskader und pragmatisch-marxistische Parteiprogramme besaßen und besitzen. Untereinander zerstritten und unfähig, Aktionseinheiten zu bilden, verwendeten sie Kraft darauf, sich gegenseitig die Anhängerschaft streitig zu machen.
Ein weiteres Übel dieser Parteien, vor allem der TKP und der TIP war ihre blinde und kritiklose Orientierung an der Sowjetunion. Bis heute sind die heute Parteien nicht in der Lage einen Vereinigungsprozeß einzuleiten. Es fehlen theoretische Kenntnisse und historische Untersuchungen, vor allem über die objektiven und subjektiven Faktoren des Zerfalls des Realsozialismus.

Die Türkische Kommunistische Partei (TKP)

Die TKP, 1920 gegründet und bereits 1922 verboten, arbeitete immer illegal. Trotz ihrer blinden Abhängigkeit von der Sowjetunion und ihrem Mangel an marxistischer Theorie setzte sie sich konsequent für die Unabhängigkeit, Souveränität und Demokratisierung der Türkei ein. Sie entlarvte die Abhängigkeitsverhältnisse des Landes von den entwickelten kapitalistischen Staaten, vor allem von den USA, und übte auf andere fortschrittliche Parteien und Organisationen eine Vorreiterrolle aus. 1990 wurde sie erneut verboten.

Die Türkische Arbeiterpartei (TIP)

Die TIP wurde im Februar 1961 von Gewerkschaften legal gegündet. Die Kommunisten und zahlreiche demokratischen Organisationen unterstützten die neue Partei, die aufgrund der landesweiten und intensiven Arbeit unter Bauern, Arbeiten und mittleren Schichten zahlreiche Sympathien gewinnen konnte. Nach den allgemeinen Wahlen 1965 stellte sie 15 Abgeordnete. Von 1971-75 und 1980-90 mußte die Partei in die Illegalität, wo sie weiterhin energisch für die Demokratisierung der Türkei und das Völkerrecht des kurdischen Volks kämpfte.

Die Führungskräfte der TKP und der TIP gaben im Jahre 1988 in Duisburg eine Presseerklärung ab, wonach eine neue Partei, die *Türkische Kommunistische Bündnispartei (TBKP)* gegründet werden sollte. Dieser Beschluß wurde in Abwesenheit von Haydar Kutlu, dem Generalsekretär der TKP, und Nihat Sargin, dem Vorsitzenden der TIP, getroffen, die beide am 16. November 1987 in die Türkei zurückgekehrt und dort verhaftet worden waren. Sargin wurde als Vorsitzender und Kutlu als Generalsekretär der neuen Partei gewählt.
Im Dezember 1989 erklärte die Führung der TBKP, daß die Partei ab jetzt legal arbeiten wolle. Im Mai 1990 wurden Kutlu und Sargin freigelassen und kurze die

die TBKP in der Türkei gegründet. Sie blieb nur 15 Tage legal, dann wurde sie verboten, weil ihr Programm angeblich gegen die türkische Verfassung verstoßen würde.

Durch dieses Verbot verschwanden die beiden Parteien praktisch. Man muß fragen, ob die Verantwortlichen des Legalisierungskurses die Entwicklung nicht vorhergesehen haben, und ob es ihnen vielleicht nur um eine persönliche Rückkehr in die Legalität ging. Tatsache ist auf jeden Fall, daß durch den Schritt die Arbeit der Parteien innerhalb der Türkei praktisch beendet wurde.

Das linke Parteiensterben ist in der Türkei weitverbreitet. Auch die *Sozialistische Arbeiterpartei (TSIP)*, die *Sozialistische Partei (SP)* und die *Arbeitspartei (EP)* existieren heute nicht mehr. TSIP und EP haben sich aufgelöst, die SP wurde im November 1991 verboten.
Eine der wenigen noch existierenden linken Parteien, ist die *Sozialistische Bündnispartei (SBP)*. Sie vertritt marxistische Positionen und könnte möglicherweise zu einer einflußreichen Kraft werden. Ihr Vorsitzender ist der prominente Professor Dr. Sadun Aren.
Aber auch die SBP ist von der Illegalisierung bedroht, da sie angeblich in ihrem Programm gegen die Verfassung verstößt.

Die Grüne Partei (YP)

Die YP wurde 1988 gegründet und vertrat nach eigener Auffassung eine Politik "jenseits der Ideologien". Ihre Prinzipien und Programme ähnelten den Grünen Parteien in den westeuropäischen Ländern stark. Die Hauptarbeitsfelder der Partei waren die Basisdemokratie und die Stärkung des Umweltbewußtseins in der Bevölkerung. 1993 löste sich die Partei aufgrund innerer Widersprüche, finanzieller Problem und äußeren Beschränkungen wieder auf. Nach eigenem Kundtun würden in der Türkei keine demokratischen Verhältnisse existieren, die eine politische Arbeit erlauben.

Neugegründet wurden 1993 folgende Parteien:
- Die *Große Evolutionspartei*, die von Aydin Menderes, dem Sohn des ehemaligen Ministerpräsidenten der DP geführt wird. Sie vertritt US-nahe Positionen und ihr wird nachgesagt, mit Geldern des Geheimdienstes MIT ausgestattet worden zu sein.
- Die *Neue Demokratiebewegung*, deren Vorsitzender Boyner gleichzeitig Chef des Arbeitergeberverbandes TÜSIAT ist. Er tritt gegen staatliche Unterdrückung und vor allem gegen die harte Repression gegen Journalisten ein.
- Die faschistische *Große Einheitspartei*. Diese rechtsextremistische Partei, die von Muhsin Yazicioglu, dem ehemaligen Führer der paramilitärischen rechtsextremistischen Grauen Wölfe (Ülkü Ocaklari) geleitet wird, ist eine Abspaltung der MHP. Yazicioglu, der auch in Deutschland unter der türkischen Bevölkerung arbeitet, stellte sich gegen den MHP-Führer Türkes, da dieser "undemokratisch" sei. Letztendlich dürfte es allerdings in dem Konflikt zwischen Türkes und Yazicioglu allein um die Macht in der Partei gegangen sein.

3. Die soziale Situation

Es ergibt sich aus den chaotischen wirtschaftlichen Verhältnissen, daß auch die soziale Situation der Bevölkerungsmehrheit in der Türkei nicht gerade als stabil und abgesichert gelten kann. Wir fassen das hier zusammen und wollen in weiteren Abschnitten genauer darauf eingehen.

Mit dem Militärputsch 1980 und den nachfolgenden Regierungen von Özal, Demirel und Ciller wurden die in den 70er Jahren starken sozialen Protestbewegungen zerschlagen. Die tiefgreifenden sozialen Veränderungen, die zu einer deutlichen Verschlechterung der Lage führten, konnten dadurch problemlos durchgesetzt werden.

Bedingt durch eine Politik, die die Reichen reicher und die Armen ärmer machte, und verstärkt durch das Bevölkerungswachstum, geriet ein erheblicher Teil der Bevölkerung in Existenzschwierigkeiten. Nach 1980 wurde die türkische Gesellschaft ingesamt umgewälzt, bis hinein in die Familie griffen die Veränderungen. Besonders deutlich war und ist jedoch das zunehmende Wohlstandsgefälle zwischen den Gesellschaftsklassen.

Damit einher geht die Verstädterung der Türkei. jedes Jahr wächst die 60 Millionen-Bevölkerung um 1,5 Millionen menschen. Davon leben 20 Millionen allein in den drei größten Städten Istanbul, Ankara und Izmir. Die Armut ist hier gewaltig: allein 12 Millionen Personen leben in den *Gecekendu,* d.h in Slums, wo es keine Kanalisation, kein fließendes Wasser und keine befestigten Straßen gibt. Die Menschen hausen hier in Hütten, die sie in einer einzigen Nacht erbaut haben[13]. Die Metropolen der Türkei sind prinzipiell lebensunfähig worden und stehen durch die immense Umweltverschmutzung kurz vor dem Kollaps.

Die relative Entwicklung des staatsmonopolistischen Kapitalismus fordert im Grunde auch eine relative, wissenschaftliche und technische Entwicklung des Landes, d.h eine Abschaffung der extensiven Produktion. Durch diese monopolistische Entwicklung, also durch die Akkumulations- und Konzentrationsprozesse des Kapitals, beschleunigt sich auch die Proletarisierung großer Bevölkerungsschichten, vor allem der Bauern. Die logische Folgerung davon ist die in allen Entwicklungsländern zu beobachtende Landflucht. Die Städte jedoch sind keineswegs in der Lage die riesige Zahl von Zuwanderern aufzunehmen. Die sozialen Probleme werden erdrückend.

Es gibt in der Türkei heute über 9 Millionen Arbeitslose. Während die Landbevölkerung abnimmt, wächst das Heer der Tagelöhner und Straßenhändler. Der informelle Sektor der Wirtschaft wird für immer mehr Menschen zur einzigen Einnahmequelle.

---

[13]Das turkische Recht erlaubt illegalen Landbesetzern in ihrer Hutte zu bleiben, wenn es ihnen gelingt, in einer einzigen Nacht die Hutte aufzubauen und mit einem Dach zu versehen. Ansonsten gilt die Ansiedlung in der Umgebung der großen Stadte als illegale Landnahme.

Nach einer Untersuchung der Weltbank[14] erhält das reichste Fünftel der türkischen Bevölkerung 56,5% des Nationaleinkommens, wobei die reichsten 10% der türkischen BürgerInnen 40% des Nationaleinkommens einstrichen. Das ärmste Fünftel verdiente dagegen ganze 3,5% des Nationaleinkommens, was die gigantischen sozialen Kontraste illustriert. Auch eine Statistik des Arbeitgeberverbandes zeigt dies[15]: demnach betrug der Lohnanteil am Nationaleinkommen 1973 etwa 33,37% (zum Vergleich: in der BRD sind es knapp 70%), während die Unternehmer und Kapitalinhaber 66,63% des Nationaleinkommens erhielten. 1990 hingegen lag der Lohnanteil nur noch bei 20,70%, der Kapitaleinkommensanteil dagegen bei 79,30%!

Die alte Mittelschicht (Gewerbetreibende und Kleinhändler) schrumpft ab, dagegen wachsen neue, vor allem von der Korruption, dem Wucher und der Bestechung abhängige Mittelschichten (Beamte, Angestellte und größere Selbständige) heran. Für die Kleinunternehmen ist der wirtschaftliche Überlebenskampf immer seltener zu gewinnen. Zu spüren bekommen diese Schichten auch die hohe Auslandsverschuldung, die 1994 über 60 Milliarden Dollar betrug. Jedes Jahr muß die Türkei inzwischen 7 Milliarden Dollar für ihre Auslandskredite aufbringen, wovon nur ein Drittel zur Tilgung, dagegen die anderen zwei Drittel für den Schuldendienst bestimmt sind. Man kann sich vorstellen, wie sehr eine Zinsbelatung von fast 5 Milliarden Dollar jährlich die türkische Wirtschaft ausblutet.

Nur folgerichtig ist in dieser antisozialen Spirale die Tatsache, daß der gesetzlich festgelegte Mindestlohn (der oftmals nicht eingehalten wird) auf dem tiefsten Stand seit 1980 angelangt ist und umgerechnet nur noch etwa 180 DM beträgt. Wenn man berücksichtigt, daß die Preise in der Türkei durch die Inflation fast westeuropäischen Standard erreicht haben[16] und sich die Arbeiter mit einem Durchschnittseinkommen von 250 DM begnügen müssen, kann man sich die alltägliche Armut in der Türkei vorstellen.

Begleitet wird diese Verarmung von einer rapiden Zunahme der Kriminalität, der Prostitution und der Kinderarbeit. Die Minderjährigen arbeiten meistens als Schuhputzer oder als fliegende Händler im Straßenverkauf. Ihr kleiner Beitrag zum Lebensunterhalt ist für viele Familien unverzichtbar. Natürlich haben die Kinder bei dieser Arbeit keinerlei Sozialversicherungsschutz.

Die undemokratischen Verhältnisse und das Fehlen von starken Organisationen, die die Rechte der Bevölkerungsmehrheit vertreten, haben dazu geführt, daß die Verelendung ohne Protest vonstatten geht.
Die Gründung von Beamten und Lehrergewerkschaften ist beispielsweise immer noch verboten. Der fortschrittliche Gewerkschaftsverband DISK wurde erst nach 12 wieder zugelassen, nachdem er 1980 nach dem Putsch verboten worden war.

Die Arbeiter, Angestellten, Bauern und die gesamte arbeitende Mehrheit werden weder ökonomisch, noch sozial oder politisch vertreten. Ihre Interessen können deswegen nicht durchgesetzt werden. Solange die Grunddemokratie in der Türkei nicht besteht, wird sich daran auch nichts ändern. Aus diesem Grund erscheint mir

---

[14] vgl. Cumhuriyet, 20.7.1990
[15] vgl. Cumhuriyet, 20.8.1991
[16]Deutlich billiger sind nach wie vor Lebensmittel, vor allem Gemuse und Obst.

der Aufbau einer Aktionseinheit, die für die sozialen Rechte der Arbeitenden kämpft, eine der wichtigsten Aufgaben des Augenblicks zu sein.

4. Der (Staats-) Terrorismus

In einem Land ohne demokratische Grundrechte, wie der Türkei, ist es quasi zwangsläufig, daß terroristische Maßnahmen zu einem normalen Bestandteil staatlicher Politik werden. Seit den Militärputschen 1971 und 1980 gab es immer wieder, stärker oder schwächer, staatlichen Terror gegen die Opposition, und zwar unabhängig davon, ob gerade ein Militärregime oder aber eine zivile Regierung an der Macht waren.

Die Auflösung des Rechtsstaates in der Türkei, der sich selbst auf die Einhaltung verfassungsmäßig verbürgter Grundrechte verpflichtet, begann 1968 und beschleunigte sich mit dem Putsch 71, als sich die herrschenden Kreise zunehmends weniger in der Lage sahen, ihre Interessen zu verteidigen. Auf die zunehmenden Proteste der Bürger gegen eine sozial nicht haltbare Situation antwortete der Staat mit offener Unterdrückung.

Mit dieser undemokratischen Gewalt produzierte der Staat jedoch selbst neuen Widerstand in der Bevölkerung. Die Spirale von militanter werdendem Widerstand der türkischen Massenbewegung und staatlicher Repression gegen diese drehte sich immer weiter.

Auch die Entstehung terroristischer Gruppen in der Linken hat mit dieser staatlichen Politik zu tun. Die türkische Regierung, die die Interessen einer Minderheit schützte, antwortete in solch repressiver Art gegen den legitimen Widerstand der Bevölkerung, daß zahlreiche bewaffnete Gruppen entstanden.

In den vergangenen 20 Jahren hat sich diese Tendenz eher bekräftigt als abgeschwächt. Der Militärputsch 1980 war eine erneute Bestätigung dafür, daß der türkische Staat immer offener terroristisch auftreten mußte, um die angestrebten Programme durchzusetzen.

Als die konservativ-sozialdemokratische Regierungskoalition von DYP und SHP im Oktober 1991 an die Macht kam, bestand die Hoffung, daß nun die demokratischen Grundrechte wieder Beachtung finden würden. Es hat sich allerdings leider gesetzt, daß sie nicht in der Lage oder gewillt ist, die reaktionären Militärkreise zu entmachten. Stattdessen hat sie- wie man im Verlauf des Jahres 1993 beobachten konnte - einen Konsens mit diesen Kreisen gefunden.

Unterstützt wird dieses Bündnis nach wie vor aus dem Ausland. Man kann hier eine bemerkenswerte Doppelzüngigkeit feststellen: während auf der einen Seite die NATO-Partner, und hierunter vor allem die USA und die BRD, die türkischen Militärs und Geheimdienste massiv unterstützen, fordern sie andererseits eine Demokratisierung des Landes. Die engen Verbindungen, die die Drahtzieher des Terrors in der Türkei mit ausländischen Geheimdiensten besitzen - die berüchtigten Sondereinheiten der türkischen Armee werden unter anderem von der bundesdeutschen GSG-9 ausgebildet - lassen darauf schließen, daß der Staatsterror in der Türkei keineswegs ernsthaft bekämpft werden soll.

Für die Terrorwelle der Jahre 1971 bis 1985 haben wir bereits an anderer Stelle die Hintergründe analysiert:

"Als die Junta 1980 an die Macht kam, erklärte sie, daß sie den Terrorismus und die Anarchie beenden und die Demokratie zurückbringen werde. Tatsächlich war aber die damalige Terrorwelle bereits seit 1959 vorbereitet worden. Besonders seit dem Ende der siebziger Jahre gab es immer Aktionen, an deren Aufklärung die Regierungen kein Interesse hatten. 1977 wurden so in Karamanmaras bei einem Massaker 111 Personen ermordet. Die Täter wurden nie entdeckt. In der Presse wurde später berichtet, daß eine ausländische Reisegesellschaft in Ankara ihre Mutterfirma mit der Meldung angerufen habe: >In K. wurde unsere Aktion wie geplant durchgeführt< (Cumhüriyet 25.1.1979). Bei der Demonstration am 1.Mai 1977 wurden 40 Demonstranten von mehreren Stellen aus von Scharfschützen aus erschossen. Einige schossen vom Dach des staatlichen Wasserwerkes. Trotz des Feiertages war ihnen der Zutritt zum Dach des Gebäudes möglich gewesen. Die Täter wurden bis heute nicht gefunden. Es wurde auch nicht herausgefunden, wie sie auf das Dach gekommen waren. 1977 erhielt Ecevit von Demirel eine persönliche Nachricht, daß er an einer Wahlversammlung in Istanbul nicht teilnehmen solle, weil ein Attentat geplant sei. Als Ecevit Ministerpräsident war, ließ er den Fall nicht untersuchen.

(...) Die türkischen reaktionären Kreise praktizieren besonders seit den Gerichtsprozessen seit 1971 geheime und offene staatsterroristische Aktionen. Trotzdem kam vieles an die Öffentlichkeit. Nach der Wahl von 1977 wurde die Terrorwelle noch verstärkt. 1980 wurden täglich durchschnittlich zehn Personen, meist Demokraten, ermordet. Seit die Junta an der Macht ist, ist der systematische, offene Staatsterrorimus an der Tagesordnung. Während der Juntazeit bis 1985 gab es 50 Hinrichtungen, über 400 offiziell gezählte Tote, über 6000 Forderungen der Todesstrafe. Über 100.000 waren und sind in den Gefängnissen. Viele wurden gefoltert."

Zu diesem Zitat ist heute hinzuzufügen, daß mit der Verabschiedung eines neuen "Antiterror-Gesetzes" dem Staat alle Vollmachten in die Hand gegeben worden sind, um die brutale Repression gegen jede politische Opposition gesetzlich legitimiert weiterzuführen. Der betreffende Paragraph ist aus dem faschistischen italienischen Strafgesetzbuch von 1930 in das türkische Strafrecht (§§141, 142 des türkischen StGB) übernommen worden und lautet:

"Diejenigen, die auf irgendeine Art und Weise oder unter irgendeinem Namen versuchen, Vereinigungen zu gründen oder tatsächlich gründen, oder ihre Tätigkeiten ordnen oder leiten oder beraten, um die Herrschaft einer sozialen Klasse über eine andere soziale Klasse zu begründen, oder eine soziale Klasse zu beseitigen oder irgendwelche bestehenden sozialen oder wirtschaftlichen Grundordnungen im Lande zu stürzen, werden zu 8 bis 15 Jahren schwerer Gefängnisstrafe verurteilt."- "Derjenige, der auf irgendeine Art und Weise Propaganda treibt, um die Herrschaft einer sozialen Kasse über eine andere soziale Klasse zu begründen, oder eine soziale Klasse zu beseitigen oder irgendwelche bestehenden sozialen oder wirtschaftlichen Grundordnungen im Lande zu stürzen, oder die politischen und rechtlichen Ordnungen zu zerstören, wird zu 5 bis 10 Jahren Gefängnisstrafe verurteilt."

Dieses "Antiterror-Gesetz" beschränkt außerdem die Verteidigungsrechte des Angeklagten, beschränkt die Unabhängigkeit des Gerichtes und ermöglicht willkürliche Verhaftungen.

Als dieses Gesetz im Parlament diskutiert, kam es zu heftigen Protesten einzelner Abgeordneter, die von der Polizei sofort geschlagen wurden. Außerdem wurden die registrierten Waffen der Abgeordneten - es ist in der Türkei durchaus üblich, daß Parlamentarier Pistolen bei sich tragen (siehe Cumhuriyet vom 7.6.1991) - sofort beschlagnahmt.

Kein Wunder, daß das "Antiterror-Gesetz" in der Türkei vor allem als "Terror-Gesetz" bekannt ist.

Eine der Grundlagen für das große Potential faschistischer und rechtsterroristischer Organisationen in der Türkei ist die reaktionäre, oft fundamentalistisch-religiöse Erziehung der Kinder und Jugendlichen. Diese zielt darauf ab, den Kindern absolutes Gehorsam, bedingungslose Disziplin und Respekt gegenüber den Autoritäten einzutrichtern.

Obwohl in den Schulen und in der Armee die Prügelstrafe offiziell verboten ist, wird sie als normaler Bestandteil der Ausbildung betrachtet. Auch Polizisten greifen in ihrer täglichen Arbeit wie selbstverständlich auf Gewalt zurück. Anstatt die Bürgerrechte zu verteidigen, sind es die staatlichen Sicherheitskräfte selbst, die diese Rechte verletzen. Vergewaltigung von Frauen durch Polizisten sind keine Seltenheit. Zudem kommt es oft vor, daß die Beamten ihre Waffen für ihr eigenes, persönliches Interesse nutzen.

Der Hintergrund dieser institutionalisierten Polizeigewalt ist nicht nur die Ausbildung der zumeist jungen Polizisten. Zum Teil macht sich der Machtapparat diese Brutalität bewußt zu nutze. Zahlreiche führende Polizisten sind an Akademien der NATO-Partner ausgebildet worden, was in keinster Weise dazu geführt hat, daß sich die türkische Polizei heute bürgerfreundlicher verhalten würde.

Die autoritäre Erziehung von Staat und Religiösen hat aber auch zur Folge, daß die Bürger nicht lernen, kreativ zu denken und ihre Sachen selbst in die Hand zu nehmen. Auch dieser Effekt entspricht durchaus den Interessen der herrschenden Kreise. Der Journalist und Schriftsteller Cetin Altan brachte die Sache in einem Interview mit der Tageszeitung Hürriyet (vom 6.12.1990) auf den Punkt. Auf die Frage warum es in der Türkei keine Philosophen gebe, antwortete er: *"Es gibt keinen Philosoph, weil in der Türkei das Denken verboten ist. Es bringt in unserem Land keine Belohnung, sondern Strafe."*

Für die offene staatliche Unterdrückung von Oppositionellen, und auch für Folter gibt es Tausende von Beispielen in der Türkei.

Viele Jorunalisten oder Persönlichkeiten des öffentlichen Lebens, die gegen den Fundamentalismus, den staatlichen Terror oder für die Interessen der Kurden Stellung bezogen haben, wurden in der Vergangenheit ermordet. Dahinter steht oft die religiös-terroristische *Hizbullah*, deren Aktivitäten sich der Staat schon öfter zunutze gemacht hat.

Die Vorstandsvorsitzende und Abgeordnete der sozialdemokratischen SHP, Frau Dr. Behiye Ücak, ist eine der vielen Opfer des religiösen Terrors geworden. In einer Untersuchung hatte sie darauf aufmerksam gemacht, daß die religiösen Aktivitäten mit dem Militärputsch seit 1982 wieder verfassungsgemäß geworden sind. Kurz nach der Veröffentlichung ihrer Arbeit wurde sie ermordet.

Als Junta-Chef Kenan Evren die neuen Parteien und ihre Politiker überprüfen sollte, um über ihre Zulassung zu entscheiden, bekam er angeblich über Turgut Özal nicht genug Informationen. Evren bekundete später: *"Während unserer Entscheidungsfindung über die Zulassung von Parteien bekamen wir vom Nationalen Nachrichtendienst (MIT) und vom Generalsicherheitsdirektorium (EGM) Informationen, auf deren Grundlage wir entschieden. Über die ANAP gab uns die MIT jedoch keine Informationen"*. (Cumhuriyet, 1.3.90)

Als ein Marineoffizier sagte: *"Ich habe mich an Turgut Özal noch nicht gewöhnt"*, wurde gegen ihn ein Ermittlungsverfahren eingeleitet.

In Diyarbakir wurde Ismail Hakki Kocakaya, der ehemalige Sekretär der Arbeiterpartei (TIP), am 23.11.1991 von Zivilbeamten festgenommen und in einem Polizeifahrzeug mitgenommen. Nach 4 Tagen wurde seine Leiche auf dem Weg von Siverek nach Diyarbakir gefunden. Er war erschossen worden. (Cumhuriyet, 6.12.1991)

Yusuf Eristi wurde ebenfalls 1991 im Gefängnis von Sagmacilar in Istanbul ermordet. Auf die Briefe seines Vaters reagierte die Regierung nicht. (Cumhuriyet, 27.4.1991)

Auch der Lehrer Siddik Bilgin wurde bei der Folter ermordet. Die verantwortlichen Behörden schossen jedoch Kugeln in den Körpern des Toten, um danach behaupten zu können, er sei auf der Flucht erschossen worden. Um eine Autopsie zu vermeiden wurde der Leichnam außerdem sofort im Hof des Polizeireviers begraben (Cumhuriyet, 31.5.1991)

Türkdogan Dol verkaufte an einem Kiosk eine legale oppositionelle Zeitschrift. Sie wurde daraufhin von Polizisten festgenommen und sechs Tage lang auf einem kalten Betonboden gehalten. Als sie den Polizisten offenbarte, sie sei im dritten Monat schwanger, verkündeten diese ihr, daß sie dafür sorgen würden, daß "ihr uneheliches Kind bei einer Fehlgeburt stirbt." Sie verschlugen die Frau so brutal, daß sie noch am gleichen Tag eine Fehlgeburt erlitt (Cumhuriyet, 21.10.90)

Islam Akdas und seine zwei Brüder wurden bei den Folterungen dazu gezwungen Hundekot zu essen (Cumhuriyet, 30.5.91)

Die SHP hat in ihren Oppositionszeiten verschiedene Anträge auf die Einrichtung einer parlamentarischen Untersuchungskommission gestellt, die jedoch immer wieder von der regierenden ANAP abgelehnt wurden.
Als im Parlament über die Folter diskutiert wurde, erklärte Turgut Özal: *"Wenn Sie mir einen konkreten Fall nennen, wird dieser untersucht werden."* Ekim Dikmen, Abgeordneter der SHP antwortete darauf: *"Ich bin ein konkreter Fall, und ich bin hier"*. Tatsächlich gibt es eine ganz Reihe von Abgeordneten, vor allem alte Gewerkschaftsfunktionären der DISK, die im Gefängnis gefoltert wurden.

Selbst die Regierung mußte zugeben, daß zwischen 1980 und 1988 75 Menschen bei Folterungen starben.

Auch die gewaltigen Ausmaße von Karteien registrierter Oppositioneller sind inzwischen offiziell anerkannt. Das Innenministerium bestätigte 1990, daß mehr als 1 Million Personen als Linke registriert sind. Für diese Registrierten ist es oft unmöglich, Pässe zu erhalten und ins Ausland zu reisen. Selbst in Krankheitsfällen wird ihnen dieses Recht vorenthalten.

Die kurdische Bevölkerung hat in den letzten 10 Jahren am meisten unter solchen Maßnahmen zu leiden gehabt. Die Regierung hat sich außer der permanenten Militärpräsenz in der Region darum bemüht, daß Kurden gegen Kurden kämpfen. 30.000 Dorfwächter wurden vom Staat zur Aufstandsbekämpfung gegen die Guerilla in den kurdischen Dörfern quasi zwangsverpflichtet. Die Einstellung von weiteren 90.000 ist geplant.

Die Existenz eines kurdischen Volkes wird nach wie vor nicht anerkannt. Der Konflikt zwischen PKK und Staatsmacht ist inzwischen so weit entwickelt, daß es sich längst nicht mehr nur um gegenseitigen Terror handelt, sondern um einen offenen Krieg. Zwischen August 1984 und Oktober 1991 sind dabei 2824 Personen getötet, wobei diese Zahlen nur diejenigen umfassen, die innerhalb des türkischen Staatsgebietes (und nicht etwas in den iranischen und irakischen Grenzregionen) ums Leben kamen.

Inzwischen wird von Kämpfen berichtet, die innerhalb von nur 3 Wochen bis zu 2000 Opfer gekostet haben sollen, wie die türkische Presse berichtet. Zudem sind in den letzten 5 Jahren etwa 500 Dörfer von der türkischen Armee "geräumt" worden. Die Bevölkerung der Gegenden, die als Operationsgebiete der PKK gelten, wurden vertrieben, Häuser verbrannt und bombardiert.

Auch größere Städte wie Lice oder Sirnak 1992/93 sind zur Zielscheibe offener Armeeangriffe und Bombardierungen geworden. Der Zerstörung der südostanatolischen Stadt Lice (20.000 Einwohner) im Oktober 1993 ging nach Angaben einer deutschen Delegation der Grünen keine Gefechte voraus, wie es die türkische Regierung behauptet hatte. Die Delegation der grünen Bundestagsfraktion stellte vor Ort fest, daß die Regierungstruppen relativ unvermittelt angefangen hatten, die Ortschaft völlig zu zerstören.

Durchschnittlich sterben so über 5 Personen täglich in Südostanatolien durch den Krieg.

Der Staatsterrorismus hat sich nun mit den Demirel-Ciller-Regierungen, die als "demokratische" betrachtet worden waren, weiter verschärft. Vor allem der Kampf gegen die PKK hat grausamen Ausmaße angenommen. Jede Sympathie für die PKK, die von der Regierung als eine " kleine Gruppe Terroristen" bezeichnet wird, in Wirklichkeit aber in der kurdischen Bevölkerung stark verankert ist, wird schärfstens verfolgt .

Die Repression geht so weit, daß jegliche Forderung nach Demokratisierung oder dem Erhalt kurdischer Kultur als "Separatismusbestrebungen" interpretiert und verfolgt wird. So sind fast alle kurdischen Organisationen verboten, der Bevölkerung wird ihr Recht, Kurdisch zu reden, verweigert, und Journalisten, die über den Krieg berichten, werden verfolgt. Sie alle werden zu "Terroristen" abgestempelt.

Tatsächlich gibt es auch eine Teil der kurdischen Bevölkerung, der weder auf der Seite des Staates noch auf der der PKK steht. Sie werden zwischen den Fronten zerrieben, denn wenn sie sich bei der Arbeit auf dem Feld mit PKK-Leuten unterhalten, gelten sie für die Gendarmerie als PKK-Aktivisten. Reden sie umgekehrt mit der Gendarmerie, betrachten sie die PKK-Leute als Kollaborateure mit dem Staat und Verräter. Hunderttausende von Kurden erleben dieses Problem tagtäglich.

Unter Demirel und Ciller hatte es zunächst Bestrebungen gegeben, das kurdische Problem politisch zu lösen. Vorgesehen war:

1. Zulassung von kurdischen Radio- und Fernsehprogrammen
2. Wahlmöglichkeit der kurdischen Sprache an den Schulen
3. Bildung einer kurdischen Sprachgesellschaft
4. Bildung einer kurdischen historischen Gesellschaft[17]

Dieser Dialogversuch wurde jedoch bereits im Keim erstickt. Der Krieg gegen die PKK und die kurdische Bevölkerung verschärfte sich Ende 1993. Auch türkische und kurdische Demokraten, die den Staatsterrorismus kritisierten, bekamen die Repression zu spüren.
Einige Beispiele dafür sind:

- Die Parteien STP und HEP, die die PKK nicht als terroristisch betrachten und umgekehrt ein Recht der Kurden anerkannten, wurden im Jahr 1992 verboten.
- Der Vorsitzende der DEP, Yasar Kaya, wurde wegen Separatismus verurteilt und erst im Dezember 1993 wieder freigelassen.
- Die Zeitung *Özgür Gündem* wurde mehrmals geschlossen, Dutzende von Ausgaben beschlagnahmt, und insgesamt 17 ihrer Mitarbeiter umgebracht. Am 10.Dezember 1993 wurden insgesamt 12 Büro durchsucht und 160 Mitarbeiter der Zeitung verhaftet.

Mit den Worten "wir werden die PKK vor dem Frühjahr 1994 beseitigt haben" kündigte der Generalstabschef Dogan Güres im Oktober 1993 den "totalen Krieg" an. "Sie werden krepieren, auch ihre Führer werden verschwinden", ließ Güres wissen, und auch Ministerpräsidentin Ciller und Staatspräsident Demirel stimmten mit ein in den Chor derjenigen, die den Krieg bis zum nächsten Frühjahr beendet haben wollen. Die Bombardierungen ganzer Landstriche und der Einsatz von Chemiewaffen in Südostanatolien sind so zur grausamen Wirklichkeit geworden.

In den Dörfern läßt das Innenministerium Waffen an Dorfschützer verteilen, um so die Bevölkerung vor Ort gegeneinander auszuspielen. Währenddessen steigen die Todeszahlen: während 1984 60 tote "Terroristen" gezählt wurden, waren es 1992 3.613 und in den ersten 8 Monate von 1993 bereits 3.245 Personen[18].
Wenn man wie die Regierung behauptet, daß die PKK nur aus einer kleinen Gruppen von Extremisten besteht, dann kann also irgendetwas nicht stimmen:

---

[17] vgl. Cumhuriyet 30.7.-5.8.1993
[18] So die Zahlen der rechten Tageszeitung Hurriyet vom 14.8. 1993

entweder schlachten die türkischen Militärs die Zivilbevölkerung in Südostanatolien ab, oder aber die PKK ist sehr viel größer, als es die Regierung in Ankara anerkennen will.
In Realität stimmt natürlich beides. Weder sind die von den Militärs präsentierten Leichen alles PKK-Leute (die allermeisten dürften Zivilisten sein) noch ist die PKK isoliert. Ganz im Gegenteil kann sie auf die Unterstützung vieler Kurden zählen. Auch die Mahnung Staatspräsident Demirels, man dürfe nicht alle Kurden für den Separatismus verantwortlich machen und jetzt die Feindschaft zwischen Türken und Kurden schüren, ändert daran nichts. Das türkische Heer macht alles andere als die kurdische Bevölkerung "wie Brüder und Schwestern, die mit uns diesen Staat aufgebaut haben" (Demirel) zu behandeln.

Die Folterungen gehen weiter. Die Abgeordnete Leila Zana sagte über ihre einwöchige Haft:

> *"Die Bedingungen waren sehr schlimm. Mir wurden die Augen verbunden, ich wurde in ein Verhörzimmer mitgenommen, ich wurde geprügelt und fiel auf den Boden. Damit ich wieder aufstehen, haben sie mich mit kaltem Wasser übergossen. Ich wurde in die Zelle geführt. Dort haben sie Elektroden an mein Geschlechtsorgan angeschlossen und mir Elektroschocks gegeben."*[19]

Der berühmte Journalist Ugur Mumcu wurde im September 1993, wenige Tage, nachdem er die Absetzung von Oberstaatsanwalt Nusret Demiral vom Staatssicherheitsgericht DGM gefordert, von "Unbekannten" ermordet. Die Untersuchungen gingen in die Hände von Demiral über, der zur Klärung des Falles bisher nichts beigetragen hat. Die Unterlagen von Mumcu wurden sogar verfälscht.

Gleichzeitig gibt es eindeutige Zeugenaussagen, die die Verantwortlichkeit von Regierungsstellen für die Terroraktionen der Todesschwadrone belegen. So berichtet ein Mitglied des Geheimdienstes MIT, daß die fundamentalistisch-rechtsradikale Hizbullah vom MIT ausgebildet und trainiert werde. Auch der Soldat Y.Yücel gab zu, daß er bei der Gendarmerie eine Ausbildung erhalten habe, um dann in PKK-Bekleidung beim Überfall auf kurdische Dörfer teilzunehmen. Dort wurden viele Zivilisten ermordet, um danach die PKK für das Massaker verantwortlich zu machen[20].

Hinter vielen Terroranschlägen stehen also der Geheimdienst MIT, die Generalstaatsanwaltschaft vom DGM und militärische Institutionen, die manchmal koordiniert, manchmal aber auch im Widerspruch zueinander agieren. Eine - illegale -Zusammenarbeit soll es auch mit ausländischen Nachrichtendiensten geben, z.B mit der "Supper NATO", einem Dienst unter dem Kommando der NATO-Stellen.
Auch die liberale türkische Tageszeitung Cumhuriyet konstatiert solche Kollaboration. In einem Artikel vom 26.August 1991 berichtet sie von der Ausbildung verschiedenster Offiziere und Polizisten im Southern Command oder anderen Ausbildungsakademien in der USA. Der Gladio-Skandal hat gezeigt, daß

---

[19]vgl. Hürriyet 19.9.1993
[20]vgl. Gündem 23.10.1993

es Geheimorganisationen der NATO gab, die mit Rechtsextremisten zusammenarbeiteten und Terrorstrategien entwickelten. Nur in der Türkei ist die Existenz dieser " *Supper-NATO* "offiziell bisher nicht zugegeben worden.

Als der ehemalige Ministerpräsident und jetzige Vorsitzende der rechtssozialdemokratischen DSP, Bülent Ecevit, öffentlich über geheime Organisationen der "Kontra-Guerilla" und über ihre Verstrickungen mit dem Geheimdienst MIT spekulierte, wurde er vom damaligen Verteidigungsminister der ANAP, Giray, abgebügelt: *"Wenn er nicht weiß, von was er redet, soll er lieber schweigen."*

Seltsame Zusammenarbeit scheint es auch beim Fall des Papstattentäters Ali Agca zu geben. Vor Gericht bekannte der "Einzeltäter" in sehr widersprüchlichen Aussagen, daß er von sowjetischen und bulgarischen Geheimdienstagenten orientiert worden war.
Inzwischen behauptet jedoch der ehemalige italienische Premierminister Giulio Andreotti, Agca habe auf Anweisung des CIA die sowjetischen und bulgarischen Agenten beschuldigt (Hürriyet 28.11.1991). Bekannt geworden ist auch, daß Agca seit längerem mit dem Militärattache der US-Botschaft in Rom schriftlich korrespondiert. Ein Teil seines Briefes wurde in der türkischen Presse veröffentlicht (vgl Cumhuriyet vom 10.10.1991).

Ungeklärt ist bis heute auch der Anschlag auf die Erste Mai-Demonstration 1977 in Istanbul, der wie schon erwähnt, mehr als 40 Menschen das Leben kostete. Die Zimmer 510 und 511 des *Intercontinental*- Hotels (heute heißt es *"The Marmara"*- Hotel), aus denen demals geschossen wurde, waren am 30.April, dem 1. und dem 2.Mai von einer ausländischen Reisegruppe belegt, deren Identität niemals aufgedeckt wurde. Auch dies hat Anlaß zu Spekulationen gegeben, ob nicht ein ausländischer Geheimdienst hinter dem Attentat stehen könnte.

Diese Reihe von kurz aufgeführten Beispielen zeigen auf, daß es tatsächlich immer wieder eine Zusammenarbeit von reaktionären Kreisen im türkischen Machtapparat, der Mafia und fundamentalistischen Mordkommandos gegeben hat. Selbst in den Fällen, wo es keine Zusammenarbeit zwischen diesen Kräften gab, verhielt sich der Staat zumindest tolerierend. Er benützte so die faschistischen und islamistischen Terrorgruppen, um eigene politische Ziele durchzusetzen.

Darüberhinaus gab es internationale Geheimdienstverbindungen, die ebenfalls den Terror zur Zerschlagung von Massenbewegungen benutzten.

Es war genau dieser Terror, der eine Entwicklung der Türkei verhindert und den Bürgern des Landes enormen Schaden zugefügt hat. Die einzige Alternative hierzu wäre eine weitreichende Demokratisierung.

5. Die Kultur (Bildung und Erziehung)

Der Begriff "Kultur" umfaßt den weiten Bereich menschlicher Tätigkeiten und sprengt daher den Rahmen dieser Arbeit. Wir beabsichtigen deswegen, hier zunächst nur über die negativen Entwicklungen im Bildungs-und Erziehungswesen

zu arbeitet. Sie bildet die Grundlage für die abhängige und deformierte politische Kultur der Türkei.

Es sticht ins Auge, wie die konservativen Kreise der Türkei das Bildungs- und Erziehungswesen in ihrem Sinne zur Sicherung ihrer Herrschaft benutzen.

Aber auch von Seiten des Auslands wird der Ausbildungsbereich als ein Instrument behandelt, das Abhängigkeit der Türkei verlängert. Fast alle Staatsmänner und -Frauen werden in westlichen Ländern, vor allem in den USA, aus- und fortgebildet.

Der Bevölkerung dagegen werden Bildungsmöglichkeiten vorenthalten. Sie soll reaktionär, konservativ, religiös, gehorsam, diszipliniert und "dumm" gehalten werden. Nur so ist es möglich, die Massen weiterhin im gewünschten Sinne zu benutzen.

Dies entwickelt sich allerdings nicht immer so widerspruchsfrei wie gewünscht. So instrumentalisierte die NATO im Rahmen der antikommunstischen Strategie des "Grünen Gürtels" unter anderem auch den Islam. Sogar fundamentalistische Kräfte wurden unterstützt, als das Hauptziel noch Destabilisierung der Sowjetunion hieß. Dieses Verhältnis hat sich jetzt umgedreht. Der islamische Radikalismus hat die Buhmann-Funktion übernommen, die früher der Kommunismus innehatte. Mit diesem äußeren Feind werden die Aufrüstung der NATO und direkte Militärinterventionen vor der Öffentlichkeit legitimiert. Interessanterweise sind die neuen Gegner des Westens jedoch die gleichen, die man jahrelang selbst gefördert hatte.

Auch in der Türkei wird die Religion nach wie vor von Regierungsseite benutzt. Dies schadet nicht nur der Bevölkerung, sondern vor allem dem Islam selbst. Besonders seit 1980 versuchten die konservativen Kreise in der Türkei, eine türkisch-islamische Ideologie aufzubauen, die vor allem der jüngeren Generationen eine Identifikationsmöglichkeit bieten soll. Das ganze Erziehungswesen zielt mit seinen Lehrplänen, -materialien und -stoffen darauf ab, daß sich die Jugendlichen als Türken und Muslims fühlen. Auch die Ausbildung der Lehrkräfte ist dieser Maxime untergeordnet. An Schulen, Universitäten und anderen Erziehungsinstitutionen werden Korankurse und Gebetsstätten eingerichtet.

In der Türkei sind 50% der Bevölkerung nur Grundschulabsolventen, 19% (bzw 30%) sind Analphabeten oder können nur wenig lesen. Viele der Halbalphabeten haben sich das Lesen und Schreiben in Abendkursen selbst beibringen müssen, weil der Schulbesuch nicht ausreichend war.

Die Staatsausgaben der türkischen Regierung für Bildung und Erziehung sind sehr gering, und nehmen sogar ab. 1982 wurden 5,5% des Bruttonationaleinkommens für Bildungszwecke verwendet, 1989 waren es nur noch 2,7%.

Der ehemalige Bildungs- und Erziehungsminister Avni Akyol hat zugegeben, daß das Bildungs- und Erziehungssystem der Türkei auf Furcht und Autorität aufbaut und deshalb nicht mehr zur heutigen Zeit paßt (Cumhuriyet 3.9.1991). Der gleiche

Minster stellte fest, daß "die Kinder derjenigen, die die religiösen Schulen befürworten, selbst eine Fremdsprachenschule besuchen" (Cumhuriyet, 4.7.1991)

Professor Seld Yazicioglu, der Generaldirektor des Oberamtes für religiöse Kultusangelegenheiten meinte, daß die islamische Religion dem Laizismus notwendigerweise widersprechen müsse. Von den in seinem Amt angestellten 80.000 Personen sind 7% Hochschulabsolventen. Von diesen 7% wiederum haben nur 5% eine religiöse Universität besucht. 62% der Angestellten haben Predigerschulen beuscht, die restlichen 20% sind Grundschulabsolventen.

Die Frankfurter Rundschau schrieb zum Thema am 9.5.1990: *"Nach 1984 gab es deren (Moscheen) im ganzen Land 54 667. Ende 1988 waren es bereits 62 947 und jeden Tag kommen zur Zeit vier neue dazu, 1500 allein im vergangenen Jahr. Noch kräftiger nahm die Zahl der Koranschulen zu, in denen Kinder mit den Geboten des Koran vertraut gemacht und auf einen gottgefälligen Lebenswandel gedrillt werden: 2600 solcher Schulen gab es 1980, heute sind es fast fünftausend. Die Zahl der Schüler stieg im gleichen Zeitraum von fast 70.000 auf über 155.000. Jährliche werden über 200 neue Koranschulen eröffnet."*

Die türkische Zeitung Cumhuriyet gibt folgende Daten an: 1979 besuchten 68 486 Schüler Korankurse; 1990 290.000. Die Anzahl von Korankursen stieg im gleichen Zeitabschnitt von 2616 auf 5197.

Der Journalist Ugur Mumcu schrieb (Cumhuriyet 9.1.1991): *"In den Priester- und Predigerschulen haben bisher 69.171 Mädchen studiert. 1439 von ihnen wurden als Kursleiterinnen bestätigt."*

Nur 742 Absolventen der Priester- und Predigerschulen haben auch religiöse Schulen besucht. Die meisten von ihnen studierten nebenher an nicht-religiösen Hochschulen.
Insgesamt absolvierten 433.277 Personen die Priester- und Predigerschulen. Von ihnen arbeiten nur 29.907 Menschen im Oberamt für religiöse Kultusangelegenheiten. Die anderen besuchen Hochschulen und beschäftigen sich mit anderen Berufsbereichen.

Es ist eine interessante Frage, warum so viele Absolventen dieser Predigerschulen nachher nicht in das betreffende Amt übernommen werden, während gleichzeitig sehr viele Grundschulabgänger eingestellt werden. Anscheinend werden die Absolventen der Predigerschulen vom Staat als wichtige Kader eingeschätzt, die man benützen will. Die große Anzahl der Ausgebildeten dient auch dazu, die Gesellschaft zu fanatisieren und radikalisieren.

Wir wollen an dieser Stelle einige Beispiele nennen, die von uns relativ beliebig ausgewählt wurden, und belegen sollen, wie das Bildungswesen in der Türkei benutzt wird, um Unwissenheit und Fanatismus zu produzieren.

In der Zeitschrift der Erziehungsministerium wird geschrieben, daß die Lehrer, die als Gott nahe stehende Personen, die neuen Kämpfern ausbilden, als erste ins Paradies aufgenommen werden (Cumhuriyet 17.12.1987)
Auch in staatlichen Religionsbüchern wimmelt es von abergläubischen Vorstellungen. Prof. Dr. Aysel Eksi hat einige davon gesammelt:

- so werden Schüler dazu aufgefordert, Fehler oder mangelnde Kenntnisse der Lehrer nicht wahrzunehmen, sondern vielmehr in einem postiven Sinne auszulegen. Die Schüler sollen nicht widersprechen, sich sollen die Befehle der Lehrer akzeptieren und ihr Einverständnis zeigen.
- die Schüler sollen nach ihren Möglichkeiten, die Beschäftigung mit weltlichen Dingen reduzieren. Wissenschaftliches Arbeiten findet also immer weit weg vom "gemeinen Volk" statt..
- Die Schüler sollen einen Platz im Jenseis erreichen. Mit dem Paradies schaffenden die Unwissenden ihre Unwissenheit ab.
- Die philosophische Wissenschaft wird bei den islamischen Wissenschaftlern nicht als wesentlich eingestuft. Es ist ihrer Ansicht nach kein nützliches Ziel, sich der Wahrheit zu nähern.

Auch die Lebensverhältnisse werden religiös erklärt:

- so kann das Leben nur durch das Gebet verlängert werden. Der Tod ist Bestrafung für die Sünde.
- Lügen führt in die Armut.
- der Langschläfer lebt kürzer als der Frühaufsteher.
- Armut wird verursacht, wenn man nackt im Bett schläft, bzw. nackt oder im Stehen uriniert.
- die gleichen Folgen hat es, wenn man Zwiebeln- oder Knoblauchschalen ins Feuer wirft.
- eine weitere Ursache der Armut ist es, wenn man die Wohnung mit einem Lappen putzt.

Außerdem herrscht eine rigide Sexualmoral und eine strikte Geschlechtertrennung in der Türkei. Der ehemalige, für Familie und Jugend zuständige Staatsminister Cemil Celik verurteilte die unehelichen Beziehungen: *"Der Flirt unterscheidet sich nicht von der Hurerei."*(Cumhuriyet 13.11.1990)

Jungen und Mädchen sind in Internaten, Schulen und Studentenheimen voneinander getrennt. Besuche werden kontrolliert. Es ist den Jugendlichen auch verboten, Hand in Hand miteinander zu gehen. Schülerinnen und Studentinnen werden häufig ärztlich untersucht, um festzustellen, ob die Mädchen und jungen Frauen noch Jungfrauen sind.

Es ist allgemein unübersehbar, daß die türkische Gesellschaft männerdominiert ist. So schrieb die Professorin Rüchan Ark, die auch Vorsitzende der Zensurenkommission ist: *"Das männliche Sexualorgane dient der Genußbefriedigung und der Fortpflanzung. Das Organ der Frau dagegen ist als Hilfe des männlichen Organs geschaffen worden, damit dieses seine Aufgaben und Funktionen erfüllen kann."*

Haarsträubendes wird auch in den Büchern des Oberamtes für religiöse Kultusangelegenheiten vertreten. In den 12 Bänden des "Sahih-i buhari mustasari Tecrid-i Sarih Tercemesi ve Serhi" werden u.a. folgende Erkenntnisse verbreitet:

- "Die Frauen sind verstandesmäßig und religiös unzureichende Geschöpfe."

- "Es gibt bei drei Dingen üble Vorbedeutungen: bei der Frau, bei Haus und beim Pferd."
- "Das Gebet störende Wesen sind: Hund, Esel, Schwein und die Frau."
- "Die Frauen begegnen den Männern wie der Teufel."
- "In der Hölle befinden sich mehrheitlich Frauen."
- "Die Frau ist wie ein Rippenknochen. Wenn man ihn gerade machen will, macht man ihn kaputt. Nütze sie lieber aus, so wie sie ist."

Die politische Funktion der Moscheen hat in den letzten Jahren immens zugenommen. Sie werden als Orte politischer Indokrination benutzt. Als Turgut Özal 1989 mit seinen Angehörigen zum Freitagsgebet ging, predigte ihnen der Hoca Hüseyin Eser: *"Versammelt Euch unter der Fahne des Islams. Haltet Euch fest am Seil, das Gott Euch gibt. Es ist närrisch, sich zu spalten und zu zerfallen. Macht Eure nicht, wie es Euch in den Kopf kommt, sondern wie es der Islam Euch vorschreibt."*

Die Veröffentlichung antiislamischer Publikationen wird in der Türkei behindert oder sogar der Zensur unterworfen. Man spricht außerdem davon, daß die offene Zensur durch den Mord abgelöst worden ist, denn zahlreiche islamkritische Journalisten, Wissenschaftler und Schriftsteller sind umgebracht worden. Die Täter bleiben meist "unerkannt".
Kritische Bücher werden an Schulen nicht zugelassen. Türkische und kurdische Schriftsteller, die in der ganzen Welt einen guten Ruf genießen, sind in ihrer Heimat immer noch unzugänglich.
Die Zahl der Leser hat abgenommen, wie auch der Journalist Ilhan Selcuk feststellte: *"1945 gab es nur eine Universität in der Türkei- heute sind es 30-, trotzdem las man damals prozentual mehr Bücher als heute."* (Cumhuriyet 15.1.1988)

Die Unwissenheit ist also erschreckend, und was noch schlimmer ist: sie ist gewollt. Oder wie Goethe sagte: *"Nicht ist schrecklicher als eine tätige Unwissenheit."* (>Goethe, Maximen und Reflexionen< von Max Hecker)

6. Der militärisch-industrielle Komplex (MIK) und die Militärs

Der militärisch-industrielle Komplex entwickelte sich parallel zu den anderen Industriesektoren seit Mitte der 60er Jahre und erlebte mit dem Putsch einen neuerlichen Entwicklungsschub. Die Leitung dieser Industrie, die allmählich mit den anderen Industriesektoren verschmolz übernahm der Generalstabschef der Streitkräfte, die Betriebsform war eine Stiftung, die 1986 gegründete *Türk Silahli Kuvvetlerini Güçlendirme Vakfi*. Diese Rechtsform genießt in der Türkischen Republik eine Reihe von rechtlichen Vorteilen. Unter anderem sind Stiftungen von Steuern befreit.

Vor der Gründung des militärisch-industriellen Großkonzerns hatte jede Waffengattung der Streitkräfte einen eigenen Industriezweig. Diese drei Rüstungsunternehmen waren nicht nur voneinander unabhängig, sie konkurrierten sogar schärfstens miteinander. Die Fusion zu einem einzigen großen Konzern bedeutete deswegen eine enorme Stärkung des militärisch-industriellen Bereichs.

Die Arbeit des militärischen Großkonzerns ist keineswegs unumstritten. Seine Finanzierung baut auf einer Reihe von Kanälen auf; diese sind:
1. Spenden, die von den türkischen Bürgern nicht immer freiwillig gegeben werden;
2. Beteiligung an anderen Unternehmen;
3. Immobiliengeschäfte;
4. Soziale, künstlerische, sportliche und andere Veranstaltungen;
5. Zinsen von Obligationen und Aktiendividenden;
6. Staatliche Fonds, die dem Konzern zur Verfügung gestellt werden;
7. Direkte Steueranteile und Gebühren; hier wären vor allem Alkohol- und Tabaksteuern, sowie Gelder aus dem Lottogeschäft zu nennen. Dazu kommt eine Abgabe von Wehrpflichtigen, die gegen Zahlung von 5000 DM ihren Militärdienst bereits nach 3 Monaten beenden können.

Die Größe der *Türkischen Streitkräfte-Stiftung (TSKGV)* läßt sich auch an ihren Beteiligungen messen, die sie an anderen Unternehmen hält. Dazu zählen:
- Aselsan AS (Militärische Elektroindustrie), die im Jahr 1975 gegründet wurde. Die Beteiligung der TSKGV beträgt 97,3%, die restlichen 2,3% sind in den Händen von Privatpersonen. Aselsan AS beschäftigt 2700 Personenen (1990).
- Aspilsan AS; das Unternehmen, das Nickelbatterien und Akkumulatoren für Flugzeuge produziert, wurde 1981 in Kayseri gegründet. 85% der Firma gehören der TSKGV, der Rest anderen, zivilen Unternehmen. Die Produktion ist mit VARTA-Technologie ausgestattet.
- TUSAS AS(Türkische Flugzeugindustrie AG). Zu diesem Konzern gehört auch die TAI (Türkische Luftfahrtindustrie), die ein Joint Venture-Unternehmen mit *General Dynamics* ist und über die Fertigung von F-16 Maschinen hinaus auch eigene Flugzeuge entwickelt und baut.
Die Zusammenarbeit von TAI und General Dynamics kam 1984 nach dem Kauf von 160 F-16 Jagdflugzeugen für insgesamt 4,2 Mrd Dollar zustande. Die Technologie, das Management und die Ausbildung werden von General Dynamics gestellt. Bis Februar 1994 wurden in dem Betrieb, in dem knapp 2000 Angestellte arbeiten, 120 F-16 Jagdflugzeuge hergestellt, d.h im Moment 2 Maschinen pro Monat. Allein im Januar 1994 verkaufte TAI 40 F-16 Maschinen an Ägypten[21]. Zwischen 1995 und 2000 sollen insgesamt 320 Maschinen produziert werden.[22]
Die TUSAS AS gehört zu 45% der *Streitkräfte-Stiftung.*
- Isbir AS; das Unternehmen das Haupsitz in Balikesir hat, produziert Elektrogeneratoren. Die TSKGV ist zu 50,55% an Isbir beteiligt.
- Havelsan AS; dieser Konzern produziert Elektro-Systeme und -Apparate und gehört zu 77,7% der *Streitkräfte-Stiftung.*

 Die TSKGV ist neben diesen 5 wichtigsten Firmen noch an weiteren Unternehmen beteiligt, z.B mit 20% an DITAS (Deniz Isletmeciligi ve Tankercilik AS), einer Aktiengesellschaft für Meeres- und Tankertransporte, mit 15% an der NETAS AS und mit 11% an der Köytas AS.

Aselsan (Militärische Elektroindustrie) und MKE (Maschinenbau- und Chemiewerke) arbeiten außerdem an der Haubitzen-Produktion der NATO mit. Die

---

[21]vgl. Hürriyet 15.12.1993
[22]vgl. Hürriyet 28.2.1991

Fertigung wird von zwei Firmenkonsortien unter Leitung von amerikanischen Firmen erledigt.

Aselsan stellt in dem zweiten Konsortium, das von *General Dynamics* geleitet wird, elektronische und Fernsteuerungsgeräte für das System her. An dem gleichen System sind eine Reihe von anderen NATO-Mitgliedsstaaten, konkret die BRD, Holland, Italien, Kanada, Frankreich und Spanien, beteiligt. Die Montage übernimmt die amerikanische Firma Haneywell, die auch die Projektkoordination übernimmt.

Die ferngesteuerten Haubitzen werden von den an der Produktion beteiligten NATO-Armeen aufgekauft. Zu einem späteren Zeitpunkt sollen auch die NATO-Mitgliedsländer die Haubitzen im Rahmen der gemeinsamen Verteidigungsstrategie beziehen können. 1990 sollte die Produktion, deren Investitionskosten 5 Mrd Dollar betragen hatten, abgeschlossen sein[23].

Am 23.5. 1988 wurde außerdem in Ankara ein amerikanisch-türkisches Abkommen über den Bau von gepanzerten Kettenfahrzeugen unterzeichnet, das die Modernisierung der türkischen Streitkräfte zum Ziel hat.

Durch den Finanzierungsfonds der *TSKGV* waren erhebliche Fortschritte bei der Modernisierung der Armee möglich geworden. In dem Fonds waren bis 1988 etwa 500 Millionen Dollar zusammengekommen, seit 1989 sollen es jährlich 750 Millionen sein. Die Entwicklung geht rasch vor sich, daß der ehemalige Verteidigungsminister Ercan Vuralhan die Meinung äußerte, die Türkei könne in naher Zukunft ihren Bedarf an militärischen Gütern aus eigener Kraft decken. Er sagte:

> *"Wir wollen einen maximalen Nutzen aus dem eigenen Potential ziehen und auch die Dynamik der Privatwirtschaft aktivieren, indem wir den Bedarf der türkischen Streitkräfte an Rüstungsmaterialien und -gütern künftig selbst decken. Diesem Ziel dienen auch die Joint Ventures des inländischen Potential mit dem Kapital und der Technologie des Auslandes."*

Vuralhan bezeichnete die Kettenfahrzeug-Produktion nach dem Bau der F-16-Flugzeuge als das zweitgrößte Projekt der türkischen Verteidigungsindustrie. Die türkisch-amerikanische Produktion viesierte insgesamt den Bau von 1700 gepanzerten Kettenfahrzeugen im Gesamtwert von 1 Milliarde Dollar vor.

Ein weiteres wichtiges Projekt zwischen der Türkischen Republik und den USA ist das Abkommen über die serienmäßige Produktion von mehrschüssigen Raketenwerfern in der Türkei, das ebenfalls in Ankara unterzeichnet wurde. Das Projekt sieht die Herstellung von 180 Raketenwerfern und 55.000 Raketen im Wert von 1 Milliarde Dollar vor, die auf Panzerfahrzeugen montiert werden sollen. Dieser Vertrag wurde mit einem Konsortium geschlossen, das sich aus einer amerikanischen und einer türkischen Privatfirma sowie dem staatlichen Maschinenbau- und Chemieunternehmen der Türkei MKE zusammensetzt. Die Raketenwerfer sollen eine Reichweite von 30-40 Kilometern besitzen und würden damit eine Fläche von 20.000 Quadratkilometern abdecken[24].

---

23 vgl. New Spot Nachrichten 3.6. 1988
24 vgl. New Spot Nachrichten 19.7.1988

Erwähnenswert ist auch auch der Vertrag zur Produktion eines Kommandokontroll-
und Kommunikationssystems im Wert von 160 Millionen Dollar für das "Mobile
Radarkomplexprojekt", das einen Gesamtwert von 300 Millionen besitzt. Der
Staatsminister im Verteidigungsministerium Vahit Erdem fügte 1990 hinzu, daß
sein Ministerium bereits 5 weitere Projekte für 2,1 Milliarden Dollar vereinbart und
ausgeführt habe[25].

Mit dem Krieg gegen den Irak bekam dieses Aufrüstungsprogramm der türkischen
Industrie und Armee weiteren Auftrieb:
- Laut Informationen der liberalen Wochenzeitung Cumhuriyet wurde 1990 ein
Modernisierungsprogramm für die Armee im Wert von 10 Milliarden Dollar
beschlossen.
- die Türkei und die USA vereinbarten im Frühjahr 1991 den Bau von *Patriot*-
Raketen in der Türkei
- mit einer türkischen Beteiligung von 40,6% begann ein Konsortium, dem auch
bundesdeutsche, hölländische und griechische Unternemen angehören, in der
Türkei *Singer*-Boden-Luft-Raketen herzustellen.

In einem vom türkischen Verteidigungsministerium herausgegebenen Weißbuch
werden u.a folgende Modernisierungsprojekte genannt:

*"Der Bau von Panzerwagen, der Aufbau der Raketenindustrie, die für F-16 Jäger
notwendigen Geräte für die Kommunikation von Führungs- und
Waffeneinsatzsystem, leichte Ransportflugzeuge, mobile Radaranlagen für die
Luftaufklärung MLRS) Multiple Launch Rocket-Systems, die die Feuerkraft der
Heeresartillerie stärken sollen, Nachbereichs-Flugabwehrsysteme, die
Produktion von Feuerleitsystemen für Flugabwehrkanonen. die Hubschrauber-
Produktion, der Kauf von Mehrzweckhubschraubern, die Entwicklung von
"Unbemannten Fluggeräten" für Aufklärung und taktische Kampfaufgaben sowie
der Bau von Minenraum- und Küstenwachbooten.*
Einzelne Projekte
*Für die taktischen und strategischen Bedürfnisse der türkischen Streitkräfte wird
ferner an einem Joint-Venture-Projekt für die Herstellung von HFSSB-
Funkgeräten gearbeitet, die ein komplettes System für die elektronische
Kriegsführung bieten, als Portables, für Fahrzeugeund für die Stationierung
geeignet sind und im MHz Bereich mit Frequenz-Sprung und Krypto arbeiten.
Um die Kampfkraft des Heeres zu steigern, werden in den Produktionsanlagen
in Gölbasi bei Ankara 1700 Panzerwagen, ferner Mörser vier verschiedener
Typen hergestellt.
In den Anlagen der ROKETSAN AG in Elmadag bei Ankara, deren Bau 1989
begann, werden jährlich ca. 2000 STINGER-Raketen hergestellt werden, die als
Schulterwaffen für den Einsatz gegen Flugzeuge und Hubschrauber verwendet
werden können.
Um die elektronische Ausrüstung der F 16-Kampfflugzeuge zu verstärken, ist die
türkische Produktion von Informations-, Führungs- und Abwehrsystemen
geplant. Die Systeme gelten den Datenbasis- und Standardanwendungen wie
dem Dialog- und Sicherheitssystemen zwischen den verschiedenen
Untersystemen. Diese Produktion in Zusammenarbeit mit NIKES AG wird im
März 1993 beginnen.*

---

[25]vgl. New Spot Nachrichten 28.6. 1990

Die Produktion der HF-SSB-Funkgeräte beginnt im Januar 1991, ihre Auslieferung im Juli. Ferner ist der Bau von Trainingsflugzeugen in ausländischer Lizenz geplant. Dieses Projekt beginnt mit dem Kauf von 6 Flugzeugen. Es folgt der Bau von weiteren Maschinen in den Anlagen der TAI und in Kayseri, wo sich Versorgungs- und Wartungsanlagen der türkischen Luftwaffe befinden.
Vier Kampfhubschrauber des Typs "AH-IW Super Cobra" werden bereits den Streitkräften übergeben. Diese Hubschrauber, die mit Anti-Missiles-Raketen ausgestattet sind, besitzen Infrarot-Nachtsichtsysteme und abhörsichere Kommunikationsgeräte.
Mitarbeit des SSM
Das Staatssekretariat für die Förderung und Entwicklung der türkischen Verteidigungsindustrie (SSM) trägt ferner zur Beschaffung von Flugabwehrkanonen, zu einem weiteren Funkgerät-Projekt, zum Kauf von Großraum-Transportflugzeugen, zur Beschaffung eines industriellen Technologieparks und zur Errichtung eines Luftfahrtzentrums bei.
Andere Abteilungen des Verteidigungsministeriums arbeiten an weiteren wehrtechnischen Projekten zur Modernisierung dr türkischen Streitkräfte."[26]

Diese Liste ließe sich noch erheblich erweitern.

Die türkische Regierung rechterftigt den Ausbau des militärisch-industriellen Komplexes damit, daß a) der eigene Verteidigungsbedarf gedeckt werden kann, b) modernste Technologie transferiert wird, c) ausländisches Kapital ins Land kommt, d) das Exportpotential der Türkei erweitert wird und e) die Streitkräfte neue Möglichkeiten militärischer Ausrüstung erhalten.

Die Militärs

Parallel zum militärisch-industriellen Komplex zeigen auch die Zusammensetzung und der Aufbau der türsichen Armee, wie eng diese mit den Interessen der NATO-Partner verwoben ist. Die Führung des türkischen Heers ist darüberhinaus aber auch Bestandteil der Oligarchie und den Interessen der einheimischen und ausländischen Großkonzerne zutiefst verpflichtet. Wie nicht anders zu erwarten ist, spielt es die Rolle eines Instrumentes der herrschenden Kreise zur Stabilisierung der Klassenherrschaft.

Obwohl die realsozialistischen Systeme und der Warschauer Pakt verschwunden hat die NATO und die von ihr abhängige türkische Armee ihre alte Strategie nicht wesentlich geändert. Dominant sind nach wie vor aggressive und expansionistische Ziele. Die NATO hat sogar ihren Wirkungsbereich ausgeweitet. Während sie früher auf einen defensiven Charakter und die Verteidigung des eigenen Territoriums beschränkt war, kann sie jetzt auch außerhalb dieses Bereichs eingreifen. Mit den UN-Einsätzen zum Ziel der "Friedenssicherung und Konfliktlösung" ist der NATO Tür und Tor geöffnet worden, überall dort aktiv zu werden, wo es einen Krieg, einen Aufstand oder Befreiungsbewegungen gibt. Die NATO wird also zunehmend zu einem Instrument, um die Interessen der führenden Industrieländer weltweit abzusichern.

---

[26]vgl. New Spot Nachrichten 24.11.1990

Wie als ob das nicht genug wäre, bemühen sich die BRD und Frankreich darum, Europa als eigenständige Militärmacht zu etablieren, die neben der NATO aktiv werden kann. Damit soll für mögliche Konfliktsituationen mit den anderen beiden Industriezentren, den USA und Japan, vorgesorgt werden.

> *"Mit einer gemeinsamen Initiative zum Aufbau einer europäischen Verteidigungs- und Sicherheitspolitik haben Bundeskanzler Kohl und der französische Staatspräsident Mitterrand die festgefahrenen Gespräche in der EG über die im Dezember angestrebte Politische Union in Bewegung gebracht. Kohl und Mitterrand kündigten die Bildung eines gemeinsamen Militärverbandes an. Er wurd als "Kern für ein europäisches Korps" bezeichnet, in das die Streitkräfte anderer WEU-Mitgliedsstaaten einbezogen werden können"[27]*

Der Irak-Krieg, die Jugoslawien- und die Somalia-Interventionen haben gezeigt, daß die Industriestaaten ihre "humanen Aktionen" vor allem aus eigenem Interesse realisieren. Gerade der Irak-Krieg und die Somalia-Besetzung zeigten klare expansionistische Absichten.

Das NATO-Land Türkei funktioniert in dieser Strategie als Wächter in der Nahost-Region, als subimperialistisches Land und als Diener der westlichen Interessen. Besonders deutlich zeigte sich das beim sogenannten "2.Golfkrieg" gegen den Irak. Die Regierung von Turgut Özal akzeptierte eigentlich alle us-amerikanischen Forderungen:

- F11-Bombenflugzeuge der US-Luftwaffe wurden auf dem Stützpunkt Incirlik stationiert;
- die türkische Regierung bat um die Entsendung von Schnelleingreiftruppen, von Luft- und Landkräften der NATO;
- vier amerikanische Luftkampfflotten wurden dauerhaft in der Türkei untergebracht;
- die türkische Armee verpflichtete sich dazu, eigene Streitkräfte an der Grenze zum Irak zu konzentrieren;
- die auf der Insel Diego Garcia im Indischen Ozean stationierten B-52 Bomber erhielten die Erlaubnis, in der Türkei zu landen und gewartet zu werden.

Darüberhinaus verlangten die USA, ihre in der Türkei stationierten Truppen ständig im Nahen Osten einsetzen zu können. In einem Geheimabkommen, dessen Abschluß vom ehemaligen Außenminister Sungar bestätigt wurde, erhielten die USA dauerhafte und weitreichende Nutzungsrechte des Luftwaffenstützpunktes Incirlik.

Im Gegenzug dazu, so der Parlamentspräsident N. Karaduman, wurde der Türkei die Unterstützung der USA beim Syrien-, Armenien- und Kurdenproblem zugesichert. Auch die Vollmitgliedschaft in der EG und die Verbesserung der Beziehungen zu Griechenland sollten näher rücken.

Der ehemalige Junta-Chef und Staatspräsident General Kenan Evran, der sich schon früher vom Verhalten der USA enttäuscht gezeigt hatte, war gegenüber den Versprechungen allerdings skeptisch:

---

[27]aus dem Tagesspiegel vom 17.10.1991

"Wenn es zwischen der Türkei und den USA ein Abkommen gibt, ist es dann mündlich, mit einem Telefongespräch erledigt oder gibt es wirklich eine schriftliche Absicherung? Ich weiß es nicht, aber ich glaube, daß man den USA überhaupt nicht trauen kann."[28]

Viele der zuletzt mit den USA abgeschlossen Verträge sind geheim geblieben. In weiten Teilen verstoßen solche militärischen Geheimabkommen, bei denen die Forderungen der USA fast vollständig erfüllt werden, gegen die türkische Verfassung. Das Recht, den Krieg zu erklären, obliegt in der Türkei einzig und allein dem Parlament, nicht aber der Regierung. Auch die Stationierung von offensiven, ausländischen Truppen in einem Konfliktfall wie im Irak-Krieg, wo sich die Aggression nicht gegen die Türkei richtete, ist illegal. Weder im NATO- noch im SEIA-Abkommen ist eine solche Stationierung vorgesehen.

Als der heutige Staatspräsident Demirel noch in der Opposition war, kritisierte er genau dies scharf:

"In den USA glaubt man, daß die Türkei alles gibt, was man von ihr fordert. Wo bleibt die Möglichkeit, daß wir selbst entscheiden können? Wir sind abhängig von der Entscheidung anderer geworden."[29]

Der gleiche Demirel gab im Januar 1993 den USA natürlich wieder alle Vollmachten, um von der Territorium der Türkei aus erneut gegen den Irak loszuschlagen.

Obwohl das irakische Generalkonsulat in der Türkei der türkischen Regierung eine Garantie gegeben hatte, daß ihr vom Irak aus keine Gefahr drohe, und obwohl alle wußten, daß das arabische Land nicht in der Lage war, die Türkei anzugreifen, forderte die Türkei die Entsendung von NATO-Truppen. Sogar Einheit der Bundeswehr wurden entsandt. Das Ziel dieses Manövers war offensichtlich: irakische Truppen sollten im Norden des Landes gebunden werden. Zudem gab es von türkischem Territorium aus mehr als 400 Überfälle auf nordirakisches Gebiet. Der türkischen Öffentlichkeit wurden die Bombenangriffe US-amerikanischer Flugzeuge auf irakische Stellungen zunächst als Übungen verkauft. Erst als die Wahrheit nicht mehr zu verbergen war, gab man die Bombardierungen zu. Jede Opposition gegen den Golfkrieg wurde in der Türkei schärfstens verfolgt. Wer z.B ein Plakat aufhängte, wurde sofort verhaftet.

Mit dem Golfkrieg sind die islamistischen Bewegungen in der Nahost-Region stärker geworden. Die Entwicklung macht dem Westen, der sein kommunistisches Feindbild verloren hat, Angst. Der ehemalige britische Außenminister Hurd:

"Den Platz der alten militärischen Bedrohung durch die UdSSR nimmt jetzt die Destabilisierung der osteuropäischen Länder und der radikale Islamismus ein".
[30]

---

[28] vgl. Cumhuriyet 23.1.1991

[29] vgl.Cumhuriyet 29.9. 1990

[30] vgl. Miliyet 24.12.1992

Das Erschrecken vor der islamistischen Radikalisierung ist zwar begründet, aber es entbehrt nicht einer gewissen Heuchelei des Westens. Immerhin hatte dieser zu Zeiten des Ost-West-Konflikts selbst zur Entstehung eines "Grünen Gürtels" um die Sowjetunion beigetragen. Der Islamismus wurde von der NATO z.B im Afghanistan-Krieg begeistert unterstützt, weil er zur Destabilisierung der UdSSR beitrug. Jetzt wird der alte Partner zur Bedrohung.

Die neuen negativen Entwicklungen- neben dem Islamismus ist auch das Wiedererstarken des Chauvinismus und des Faschismus in Osteuropa zu nennen- ist ganz erheblich der Hegemonialpolitik der USA geschuldet. Anstatt gegenseitig vorteilhafte und ökonomisch wie politisch-kulturell gleichberechtigte Beziehungen mit anderen Staaten aufzubauen, dient die Außenpolitik der USA nach wie vor der Sicherung eigener Macht- und Profitinteressen. Als Folge hiervon geht die Verarmung zahlreicher Entwicklungsländer weiter, und immer mehr Menschen werden zur Flucht vor der Armut aus ihren Herkunftsländern gezwungen. Legal oder illegal kommen diese in die Industrieländer.
Wie man am Golfkrieg sehen konnte, wird die Militärpolitik der westlichen Industriemächte aggressiver. Im Krieg gegen den Irak ging es nicht mehr nur um das Öl, sondern überhaupt um die Kontrolle und Kalkulierbarkeit der Enwicklungsländer. Die ganze Golfregion wurde mit der Intervention den Interessen der Industriestaaten unterworfen und eine neue zentrumsgerechte Stabilität aufgezwungen.

Den USA ist es mit dem Golfkrieg außerdem gelungen, die UNO wieder wie in den 50er Jahren im Korea-Krieg für sich zu instrumentalisieren. Die USA können die Rolle des "Weltpolizisten" oder der "Weltgewalt" international legitimiert einnehmen.

Die Türkei verlor im Golf-Krieg innerhalb von zwei Jahren zwischen 10 und15 Milliarden Dollar. Der ehemalige Staatsminister G.Taner sprach laut "Cumhuriyet" von 10 Milliarden Dollar Ausgaben, was inzwischen von der Regierung offiziell bestätigt worden ist. Im gleichen Zeitabschnitt erhielt die Türkei 4,1 Milliarden Dollar Hilfe aus dem Ausland. Eine Milliarde war als Kredit vom Westen gegeben worden, 1,1 Milliarden schenkte Saudi-Arabien der Türkei in Form von Rohöl. Damit wurde ungefähr ein Drittel der Verluste gedeckt. Sofort nach dem Krieg kaufte die Türkei allerdings schon wieder teures, hochmodernes Kriegsgerät. Dazu kamen die ökonomischen Verluste durch die Verschlechterung der Beziehungen zur arabischen Welt.
Entgegen der Worte von Ex-Staatspräsident Özal hat die Türkei mit dem Krieg nicht gewonnen, sondern deutlich verloren.

Die Aufrüstung der Türkei, die wie in den meisten Entwicklungsländern nach dem Ende des Ost-West-Konflikts munter weiter geht, hat seine Ursachen nicht in einer äußeren Bedrohung. Die Militärs sind eines der wichtigsten Stützen der Herrschaft. Das Regime sieht sich von innen stets stärker bedroht als von außen, besonders sei 1980. Da die Regierung nicht in der Lage ist, das Land sozial, politisch und kulturell zu entwickeln, weil die Widersprüche zwischen Armen und Reichen nicht kleiner werden, muß die Armee die Verhältnisse stabilisieren.

Dabei wäre eine alternative Militärpolitik leicht vorstellbar. Die Armee könnte der Entwicklung zur Verfügung gestellt werden, indem die Wehrpflichtigen zu

Errichtung von Straßen, zum Brücken bauen oder Pflanzen von Wäldern eingesetzt werden. Die Heeresgröße von einst einer Million und heute immer noch 640.000 Soldaten könnte deutlich reduziert werden. Auch die Hochrüstung mit modernem Kriegsgerät ist nicht nötig.
Dafür jedoch wäre eine grundlegende Heeresreform nötig, die die Militärspitze dem Verteidigungsministerium unterordnet und die Armee demokratisiert. Die Militärs müssen von der Verfassung klar begrenzte Tätigkeit zugeschrieben bekommen und ihr Bündnis mit den reaktionären herrschenden Kreisen aufgekündigt werden.

Um das durchzusetzen, braucht es eine demokratische, breit getragene Regierung, die die unterschiedlichsten fortschrittlichen Kräfte umfaßt und bereit ist, das Kurdenproblem politisch zu lösen.

7. Die Deformation

Die Türkei ist - wie wir es bereits allgemein charakterisiert haben - ein fortgeschrittenes Entwicklungsland, oder wie es von anderer Seite oft bezeichnet wurde, ein Schwellenland.
Schwellen- und Peripherieländern ist gemein, daß sie unter einer wirtschaftlichen und sozialen Deformation leiden, die sich in der Regel eher verschärft, als daß sie sich aufhebt.
Deformationen treten auch in Industrieländern auf. Diese sind jedoch in der Lage, solche Deformationen je nach Bereich von Zeit zu Zeit aufzuheben und zu korrigieren. Durch staatliche Maßnahmen gelingt es, Fehlentwicklungen unter Kontrolle zu bekommen und sie gemäß der Interessen der Monopole zu regulieren.

In der Türkei ist dies nicht möglich. Sehr gut läßt sich das an der Umweltverschmutzung feststellen, die zu einem globalen Problem geworden ist. Während in den Industriestaaten das Problem gelöst wird, in dem die Kosten für eine ökologische Korrektur auf die Steuerzahler und Verbraucher abgewälzt werden und die Monopole weitgehend unberührt bleiben, sind in der Türkei nicht einmal solche beschränkte Maßnahmen des Krisenmanagments möglich.
In erheblichem Maß müssen Peripherieländer die ökologische Sanierung der Industrieländer sogar ausbaden. So werden Giftmüll und umweltschädliche Produkte aus den Industriestaaten in die Türkei geliefert. Besonders belastende Produktionen der Chemie- oder Metallbranche werden von Tochtergesellschaften internationaler Konzerne in der Türkei erledigt, d.h die Deformationen der Industriestaaten werden regelrecht exportiert.
Solche Probleme werden allerdings verschleiert. Obwohl in mehreren Fällen illegale Giftmüllexporte bekannt wurden, die sogar gegen die laxen türkische Gesetze verstießen, hatten die Ereignisse keine Konsequenzen. Die Abhängigkeit und Bestechlichkeit zahlreicher Behörden und Regierungspersönlichkeiten verhinderten ein Eingreifen gegen die Gesetzesbrecher. Wieder einmal zeigt sich, daß ohne demokratische Strukturen eine verträgliche Entwicklung nicht möglich ist.

Die wirtschaftliche Entwicklung der Türkei verläuft insgesamt unplanmäßig, unkoordiniert und chaotisch. Die Investitions- und Konsumgüterproduktion wächst unproportional zueinander. Ein besonders großes Problem ist jedoch die ungleiche Entwicklung von Industrie und Agrarproduktion. Letzterer wächst in letzter Zeit unverhältnismäßig stark und ist exportorientiert- die Kunden sitzen vor allem in den arabischen Ländern und den zentralasiatischen Republiken der ehemaligen UdSSR.

Unplanmäßig entwickelt sich auch der Tourismus, der jährlich Deviseneinnahmen von 2-3 Milliarden Dollar ermöglicht. Ganze Küstenstreifen sind durch den Boom in der Branche in Betonwüsten verwandelt worden. Wälder wurden abgebrannt, um Hotels zu bauen oder die Fläche anderweitig zu nutzen. Auch wenn Gesetze erlassen worden sind, mit denen Brandstiftungen hart bestraft und die natürliche Vegetation geschützt werden sollen, haben Parteilichkeit, Bestechung und Korruption dazu geführt, daß faktisch nichts unternommen wird.
Die Hoffnungen, daß sich dieser Zustand unter der Koalitionsregierung DYP-SHP verändern würde, haben sich nicht erfüllt. Nicht nur daß sie kräftemäßig nicht in der Lage war, die reakitionären Kräfte zurückdrängen, die neue Koalititon ist sogar eine Art Bündnis mit diesen Kräften eingegangen.

Dies sind nur einige Beispiele. Man kann in allen Bereichen solche Deformationen finden, wie in dieser Arbeit in allen Abschnitten deutlich wird.

IV. Kapitel

Vollmitgliedsschaftprobleme der Türkei

1. Die Haupthindernisse für die EU-Vollmitgliedschaft der Türkei

Richtet man sein Augenmerk auf unsere bisherige Arbeit, die sich mit der Assoziationslage der Türkei befaßte, stellt man fest, daß es vor allem zwei Probleme hinsichtlich der EG-Vollmitgliedschaft der Türkei gibt. Das eine liegt in der Türkei selbst, das andere in der Europäischen Gemeinschaft/ Union. Verursacht werden die beiden Hauptprobleme gleichzeitig von zwei Grundhindernissen der Vollmitgliedschaft, nämlich die unterschiedlichen, sich teilweise widersprechenden Standpunkte und Strategien der einheimischen Kreise auf der einen Seite und der ausländischen (hier der EU-Länder) auf der anderen. Die reaktionär-konservative Grundhaltung der herrschenden Klasse tut ihr übriges.

Die türksiche Regierung ist wegen der stark einseitigen ökonomischen, politischen, sozialen und militärischen Abhängigkeit vom Westen bzw. von der EU nicht in der Lage, ihre Vollmitgliedsschaftinteressen durchzusetzen. Hinzu kommt, daß das türkische Regime aufgrund eigenen Machtinteresses nicht gewillt ist, das Land zu demokratisieren. Deswegen versuchen die EU-Ländern, genauso wie die USA, mit dualistischen Strategien, die Türkei in einer permanenten Abhängigkeit und im Status eines neokolonialen Landes zu halten. Aufgrund der Unfähigkeit der Türkei, ihren Willen gegen die Türkei durchzusetzen, ist dies ein leichtes.

Es ist inzwischen schon eine Art Gewohnheitsrecht der EU-Länder, die Türkei als Gegengabe für die dort geleistete "Entwicklungshilfe" nachgerade auszusaugen, alles von ihr zu nehmen, was sie benötigt. Unter diesen Bedingungen wirkt die Forderung der EU nach mehr Demokratie in der Türkei und bessere Vorbereitungsarbeit auf die Vollmitgliedschaft schon eher wie eine Ausrede. Die andere Seite der Medaille it die praktizierte Unterstützung und Zusammenarbeit mit den reaktionär-konservativen Militärkreisen, was ja durchaus im Interesse der EU-Länder liegt.

Schon deshalb nehmen die EU-Staaten das Interesse der Türkei an einer Vollmitgliedschaft nicht ernst. Man betrachtet die Problem, die für das Land damit verbunden sind, als billige Ausflüchte.

In Wirklichkeit sind die beiden Grundprobleme nicht zu verharmlosende und nur schwer zu überwindende Hindernisse, die gegenseitig einer Wechselwirkung unterworfen sind. Mit der dualistischen Interessenlage der EU-Staaten und den Machtverhältnissen in der Türkei einher geht eine Verschleierung der ganzen Wahrheit über die eigentlichen Vollmitgliedschaftsprobleme. Bereits für das Jahr 1992 vorgesehen, verzögert sich der endgültige Beitritt der Türkei auf unbestimmte Zeit, ja er scheint sogar immer unwahrscheinlicher zu werden.

Wenn nämlich die Wahrheit über die Schwierigkeiten einer türkischen EU-Vollmitgliedschaft nicht endlich ungeschminkt ans Licht kommt, wird die dadurch bedingte verzögerte oder überhaupt nicht zustande gekommene Mitgliedschaft negative Konsequenzen nicht nur für die Türkei, sondern langfristig auch für die gesamte EU mit sich bringen.

Tatsächlich verhindern, wie bereits erwähnt, die widersprüchlichen Interessen der beiden konservativen Lager das Zustandekommen der türkischen Vollmitgliedschaft. Diese bremsenden Faktoren könnten längerfristig die Ursache dafür sein, daß die Türkei - ausgehend vor allem von konservativ-fundamentalistischen Kräften, die sich schon heute gegen eine Integration in die EU aussprechen - andere Wege geht, die für Westeuropa problematisch werden dürften.

Eine regionale fundamentalistische Union z.B, deren Embryo bereits heranwächst, könnte den Weltfrieden empfindlich belasten (Konferenz der Islamischen Organisationen OIC). Eine weitere Möglichkeit wäre, daß die Türkei mit den Turk-Völkern der ehemaligen Sowjetunion ein nationalistisch-konservatives Bündnis eingeht. Alternativen wie diese würden sowohl für die Türkei selbst als auch für die EU eine abenteuerliche und schädliche Entwicklung bedeuten.

Was wir mit unserer Arbeit zu zeigen versuchen, ist, wie sich die Türkei vor allem slebst schadet, zum einen mit ihrer starken Abhängigkeit besonders von den USA und zum anderen mit dem undemokratischen Verhältnissen im Inneren. Auf diese Weise bietet die Türkei, zumindest für seine islamischen Nachbarländer, ein äußerst negatives Bild. Erreichte die Türkei jedoch die EU-Vollmitglieschaft, könnte dies dem undemokratischen Charakter des Staates ein Ende setzen. Dadurch würde der Außenwelt ein positives Bild vermittelt. De facto aber vernachlässigen die EU-Staaten die Türkei bislang. Man zog es vor, das Land unter dem gegenwärtigen Einfluß der USA zu belassen.

Die Bedingungen der heutigen Zeit aber drängen nach Korrektur. Die EU-Vollmitglieschaft der Türkei sollte schnellstmöglich realisiert werden- schon deswegen, weil ein Teil der Fundamentalisten und Konservativen im Land bereits auf der Suche nach einer gefährlichen Alternative ist.

2.Andere wichtige Probleme

2.1 Arbeitslosigkeit

Die Zahl der Arbeitslosen in der Türkei beträgt schon jetzt etwa 9 Millionen Menschen. Einige Wirtschaftsexperten und Unternehmer sind der Ansicht, daß eine EU-Vollmitgliedschaft der Türkei durch ein Mehr an Investitionen auch wieder vakante Arbeitsplätze schaffen würde. Der entgegengesetzte Standpunkt geht davon aus, daß sich gerade dadurch die Arbeitslosenquote erhöhen würde. Als Gründe hierfür werden genannt: verstärkter Einsatz moderner Technologien und wissenschaftlicher Innovationen im Wirtschaftsbereich; erhöhte Fusionsbereitschaft von Großbetrieben; größere Bankrottneigung kleiner und mittlerer Unternehmen etc.

Bereits gemacht Vollmitgliedschaftserfahrungen anderer Länder legen den Schluß nahe, daß sich an der Arbeitsmarksituation der Türkei auch nach Eintritt in die EU nicht viel ändern wird. Eine Integration in EU-Normen führt dazu, daß die Arbeiterklasse und besonders die Mittelschicht mehr Forderungen stellen, daß durch die Demokratisierung mehr Leistungen erforderlich werden und dadurch die Löhne und Gehälter steigen, und nicht zuletzt, daß per Gesetz Erwerbslose und sozial Schwache Arbeitslosengeld bzw. Sozialhilfe beziehen können (in der Türkei gibt es bis dato noch kein Arbeitslosengesetz).

Noch heute ist die Arbeitslosigkeit ein primäres Problem innerhalb der EU-Staaten. Ein Ende ist nicht abzusehen. Weit wichtiger noch ist aber der Faktor illegale Schwarzarbeit. Da nicht tolerierbar, muß er minimiert werden. Unternehmen, die Schwarzarbeiter beschäftigen, müßten hart bestraft werden: zunächst durch hohe Geldstrafen und dann, im Wiederholungsfalle, mitunter durch Betriebsschließung.

Die Behauptung, daß nach Eintritt in die Vollmitgliedschaft die meisten Arbeiter aus der Türkei in die EU abwandern würden, ist nicht ganz richtig. Möglicherweise kämen am Anfang einige hunderttausend Immigranten in die EU-Länder. Doch würden sie dort bald merken, daß man dort ohne Bleibe und ohne Job- gesetzt den Fall, Schwarzarbeit ist nicht mehr möglich- nicht existieren kann. Die allgemeine Wohnungsnot ist bekannt. Auch Verwandte und Bekannte werden sich kaum dazu bereit erklären, langfristig jemanden bei sich aufzunehmen. überdies lehrt die Erfahrung, daß sich gerade Gastarbeiter zumeist mit Wohnungs- und Sozialproblemen herumschlagen müssen. Nicht selten rutschen sie über kurz oder lang in den Arbeitslosen- oder Sozialhilfeempfängerstatus ab.

Die Behauptung, der Eintritt der Türkei in die EU würde eine Gastarbeiterschwemme in die anderen Mitgliedsländer spülen, ist also eine billige Ausrede, die lediglich dazu dient, den letzten Schritt hin zur türkischen Vollmitgliedschaft zu verhindern. Fakt ist, daß das Problem Arbeitslosigkeit ein integraler Bestandteil des modernen Wirtschaftssystems, ergo ein Manko der gesamten EU ist. Auch ohne Zutun der Türkei bringen die heutigen Weltkonkurrenzvoraussetzungen und die wachsenden Rationalisierungsmaßnahmen es mit sich, daß immer mehr Menschen aus dem Arbeitsleben herausselektiert werden. Das Erwerbslosenproblem läßt sich allein durch eine humanere und sozialere Politik minimieren. Ferner müßten die Weltzentren, USA, EU und Japan, ihr sogenanntes Wirtschaftswachstum beschränken, das zwar die Konkurrenzfähigkeit garantieren soll, dem aber wohl die Umwelt als auch die Menschen zum Opfer fallen. ein Umdenken ist dringend erforderlich. Neue Beschlüsse unter dem Motto der Gleichberechtigung müssen gefaßt werden. Ansonsten werden die arbeitslosenspezifischen und sozialen Probleme von Tag zu Tag wachsen.

2.2 Ungleiche regionale Entwicklung

Die regionale Entwicklung in der Türkei ist ausgesprochen ungleichmäßig. Besonders die Ost- und Südosttürkei sind wirtschaftlich zurückgeblieben, obwohl man in den vergangenen Jahren dort vermehr investiert und die Infrastruktur gefördert hat. Leider bislang nicht genug. Es muß künftig mehr getan werden. Um die regionalen Entwicklungsunterschiede auszugleichen, sind EU-Mittel vonnöten. Die erforderliche Summe jedoch bewegt sich durchaus nicht in der von EU-Experten befürchteten Höhe. Es handelt sich vielmehr um eine nur sehr kurzfristige und vorläufige "Belastung" für die EU. Auch hier entpuppen sich die Unkenrufe als Ausflüchte, um eine türkische EU-Mitgliedschaft zu verhindern. Betrachtet man nämlich die schwächeren EU-Mitgliedschaften wie z.B Spanien, stößt man auf Parallelen, welche die behauptete Unlösbarkeit des "türkischen Problems" fragwürdig erscheinen lassen.

In Zahlen: Im Falle einer Vollmitgliedschaft der Türkei müßte die EU vermutlich rund 5-6 Milliarden ECU aus ihrem Fonds aufbringen, um vornehmlich die agraren, sozialen und infrastrukturellen Probleme des Landes zu lösen. Dabei muß man jedoch ebenso berücksichtigen, daß dies eine Investition ist. Läuft die Sache erst einmal an, würde aufgrund der EU-Vorteile mindestens derselbe Betrag wieder in die Mitgliedsländer zurückfließen. Außerdem sollte man nicht außeracht lassen, daß die Türkei bis dato mehr abgegeben als erhalten hat. Jetzt ist es an der EU, der Türkei etwas zu geben.

2.3 Unterentwicklung der Agrarwirtschaft

Ein weiteres Problemfeld stellt die Landwirtschaft der Türkei dar. Obwohl sie ein potentielles Agrarland ist, ist die Agrarwirtschaft nicht hinreichend entwickelt. Es mangelt an einer ausreichenden Infrastruktur, an qualifizierten Arbeitskräften sowie an wissenschaftlichen und technischen Erkenntnissen. Wie bereits an anderer Stelle erwähnt, ist die Türkei vor allem in technologischer Hinsicht vom Westen abhängig, was als Hauptursache für die mangelhafte Agrarentwicklung angesehen werden kann.

Trotzdem muß die fehlende der türkischen Agrarwirtschaft nicht unbedingt ein Hinderungsgrund für ihre Vollmitgliedschaft in der EU sein, da die Union erst allmählich eine gemeinsame Landwirtschaftspolitik durchsetzen wird. Eine stufenweise Anpassung hieran wäre ebenso denkbar wie im Fall Portugals oder Griechenlands.

Die grundlegenden Probleme der EU-Landwirtschaftspolitik sind unabhängig von der Mitgliedschaft der Türkei. Es sind hauptsächlich drei: erstens führt die Rationalisierung und Industrialisierung der Landwirtschaft in der EU dazu, daß ständig mehr produziert wird, als eigentlich verbraucht werden kann. Zweitens werden im Rahmen der Automatisierung und Rationalisierung arbeitslos gewordenen Bauern nicht mehr einfach von der Industrie absorbiert, d.h sie bleiben arbeitslos. Und drittens zieht eine industrielle Landwirtschaft große ökologische Belastungen nach sich.
Diese Probleme bestehen bereits heute. Es wäre wünschenswert, sie im Rahmen einer gesamteuropäischen Politik zu lösen.

Natürlich würden die Preise der türkischen Agrarproduktion mit der Vollmitgliedschaft, relativ gesehen, steigen. Wichtiger als die Preissteigerung jedoch ist vor allem die Gesundheitsverträglichkeit der Agrargüter. Nicht Quantität durch Massenproduktion- wie bisher innerhalb der EG gang und gebe ist- sondern Qualität ist gefragt. Eine ohne Kunstdünger, Hormone und Genmanipulation vonstatten gehende Agrarproduktion würde dem modernen Zeitgeist eher gerecht. Wie man weiß, werden die europäischen Verbraucher von Tag zu Tag bewußter. Konsumiert wird in zunehmendem Maße nur noch, was natürlich und umweltverträglich ist: Geschmacksarme Tomaten aus Holland sind out.

Ein Opfer der landwirtschaftlichen Massenproduktion ist unter anderem die türkische Wassermelone. Dank Kunstdünger, um ihr Wachstum zu beschleunigen und vorzeitiger Ernte, um ihre Haltbarkeit zu verlängern, schmeckt sie nicht mehr so süß und saftig wie früher. So unbewußt ein Konsument sich auch verhalten mag, sein Gaumen wird ihm über kurz oder lang gebieten, das jeweilige Produkt zu meiden.

3. Die kleineren Probleme der Vollmitgliedschaft

3.1 Kultur und Religion

Die kleinen und unwichtigen Probleme der Vollmitgliedschaft können natürlich zu großen werden, wenn sie ständig übersehen und vernachlässigt werden. Wenn man sie dagegen ernst nimmt, können sie zur Grundlage einer interessanten Entwicklung werden.
So stellen die unterschiedlichen Kulturen und Religionen in der EU durchaus einen Reichtum für diese dar. Mit einer Angleichung der ökonomischen Basis der jeweiligen Länder wird sich die kulturellen Überbauten ebenfalls langsam angleichen, wie dies bereits in der alten EG zu beobachten war.
Diese einzelnen kulturellen Elemente können sich zu einer neuen multikulturellen Einheit zusammenfügen. Es ist zwar bereits absehbar, daß in der Türkei als Reaktion auf die europäische Anpassung zunächst die fundamentalistischen Tendenzen stärker werden dürften, aber langfristig wird ein fruchtbarer kultureller Integrationsprozeß unumgänglich sein.

Das ist begrüßenswert, vor allem wenn man die Demokratisierung der türkischen Gesellschaft und eine Eindämmung der konservativen und fundamentalistischen Strömungen wünscht.
Die kulturellen und religiösen Unterschiede sind nicht mehr als eine Ausrede. Wichtiger als diese ist die Integration der ökonomischen Basis. Eine Vollmitgliedschaft der Türkei ist daher so schnell wie möglich anzustreben.

3.2 Billigproduktion versus Qualität

Aufgrund des erbarmungslosen Konkurrenzdrucks von außen sieht sich die Türkei heute mehr und mehr außerstande, wie bisher mit knappem Kapital und vielen billigen Arbeitskräften zu produzieren. Durch die EU-Vollmitgliedschaft wäre die Türkei gezwungen, mit dem üblichen Qualitätsniveau der Mitgliedsstaaten Schritt zu halten. Vonnöten sind verstärkte Bildungs- und Erziehungsmaßnahmen. Doch nicht nur das Potential "menschliche Arbeitskraft", sondern auch die Wissenschaft, die Technologie- und Kapitalentwicklung muß die Türkei auf einen adäquaten Stand bringen. Um dies zu erreichen, müßten spätestens jetzt Programme und Konzepte entwickelt und nach und nach in die Tat umgesetzt werden. Sinnvoll wären vom Staat geförderte Fusionen von kleinen und mittleren Betrieben, die auf sich gestellt niemals überleben können. Zusätzlich müßten neue Reglements der Eigentumsverhältnisse getroffen werden, um beispielsweise einen mit Erbschaftsteilungen oder dergleichen einhergehenden Flächenverlust von Kleinbauern zu verhindern.

3.3 Das Inflationsproblem

Das Problem der Inflation- in der Türkei schon fast chronisch- wäre sofort zu lösen, wenn die Regierung die entsprechenden Maßnahmen einleiten würde. Hauptursachen für die Misere sind zum einen die falschgepolte Wirtschaftspolitik und zum anderen die immensen Ausgaben vor allem für kriegerisch-militärische Zwecke. Die Türkei verpulvert pro Jahr durchschnittlich 3 Milliarden Dollar für den Rüstungs- und Militäretat.

Eine EU-Vollmitgliedschaft und vor allem eine Demokratisierung der Türkei unter den Richtlinien und der Administration der EU würde die Inflationsproblematik drastisch vermindern.

3.4 Vorbereitungsschwierigkeiten

Eine besondere Schwierigkeit für die Türkei zeigt sich in der Vorbereitung auf die EU-Mitgliedschaft. Eklatant seit Anfang des Jahres 1993 wächst von Seiten der EU-Länder das Streben nach vermehrter horizontaler und vertikaler Verschmelzung. Mit dem 1.Januar 1993 nämlich nahm eine neue Wirtschaftsentwicklung ihren Anfang: die ersten Schritte zur Verwirklichung eines gemeinsamen Binnenmarktes sind getan. Angestrebt wird eine ökonomische und politische Union der Mitgliedsländer.

Die Ursachen für eine solche Entwicklung hin zu mehr Integration sind subjektiv genauso wie objektiv. Die effektiven Produktivkräfte sowie der hochkomplex organisierte Verwaltungsapparat der EU verlangen nicht nur einen großen Aktionsradius, sonder auch einen einheitlichen Mechanismus zur Regulierung der Wirtschaft, um die Möglichkeiten ökonomisch-technologischen Fortschritts optimal auszunutzen. auf diese Weise wollen die EU-Nationen ihren internationalen Einfluß erweitern und ihre Konkurrenzfähigkeit gegenüber den anderen Wirtschaftszentren verstärken; als da sind: die USA, die bereits mit Kanada und Mexico eine Integrationseinheit bilden und kontinuierlich bemüht sind, auch andere lateinamerikanische Staaten in ihren Einflußbereich zu ziehen; und Japan, dessen Bestreben es ist, mit weiteren fernöstlichen Ländern eine Wirtschaftsunion zu erreichen.

Die Türkei, bereits für 1992 als neues EU-Mitglied vorgesehen, sollte Vorrang vor den EFTA- und anderen Ländern haben. Eine intensive Vorbereitung ist vonnöten, sowohl innerhalb der Türkei selbst als auch von außerhalb, also von den EU-Staaten aus. Hier geht es vor allem darum, die Industrialisierung, die infrastrukturelle Entwicklung sowie die Demokratisierung im Lande voranzutreiben. Nur so kann die ungleichberechtigte, nachteilige Rolle der Türkei auf dem Weltmarkt überwunden und ihre einseitige Abhängigkeit von den Industriestaaten durchbroche werden: internationale Arbeitsteilung statt Ausbeutung von Schwächeren.

Die Vorbereitung der Türkei auf die EU-Vollmitgliedschaft darf nicht länger vernachlässigt werden, da eine weitere Verzögerung nur unnötige Kosten verursacht- für die Türkei wie für die EU.

3.5 Pulverfässer der türkischen Politik- Kurden-Problem und Zypern-Konflikt

Mit der Vollmitgliedschaft würde eine allmähliche Demokratisierung der Türkei in Richtung EU-Niveau einhergehen. Politische Brandherde, wie die Kurdenproblematik oder die Zypernfrage, die vonseiten der EU gerne als Ausrede für die Nicht-Integration der Türkei herangezogen werden, würden zwar auch in Zukunft zunächst weiterschwelen, doch würde die Demokratisierung der Türkei dazu beitragen, eine zunehmende Bereitschaft zur Konfliktbewältigung zu schaffen. Eine solche Bereitschaft müßte natürlich nicht nur im Lande selbst wachsen, sondern auch "von außen" her unterstützt werden. Neue Strategien sind zu erarbeiten: Die EU-Strukturpolitik muß sich ihrer völkerrechtlichen, humanistischen und gemeinschaftlichen Prinzipien besinnen, um den Konflikten entgegenzutreten und Lösungsmöglichkeiten finden zu können.

Politische Pulverfässer wie das Kurden- oder Zypern-Problem sind keine türkeispezifischen Phänomene. England hat seine chronische Nordirland-Krise, Frankreich ist mit der korsischen Unabhängigkeitsbewegung konfrontiert. Die Türkei allein als schlechtes Beispiel für politische Unzulänglichkeiten zu ächten, löst die Probleme nicht. Vielmehr schürt die ihr aufoktroyierte Außenseiterrolle die Konflikte noch, wie die Vergangenheit deutlich zeigte.

Eine neu durchdachte EU-Strukturpolitik unter den Prämissen der Gleichberechtigung, des Humanismus und der Demokratie wäre ein Schritt hin zur Bewältigung der Grenz- und Völkerkonflikte. Mißbraucht die EU jedoch ihre Einheit, um über die Barrikaden hinweg mit dem Finger auf die Türkei zu zeigen und deren Integration in die Gemeinschaft zu verhindern, verliert sie allmählich ihre Glaubwürdigkeit als Mittler und Koordinator.

4. Vor- und Nachteile einer EU-Vollmitgliedschaft der Türkei

Wie bereits oben angeführt ist eine Vollmitgliedschaft der Türkei mit Vor- und Nachteilen verbunden- sowohl für die Türkei selbst als auch für die EU-Länder. Die wichtigsten Vorteile für die Türkei noch einmal auf einen Blick:

Vorteile für die Türkei:

- die Demokratisierung der türkischen Gesellschaft, deren Angleichung an westliche Normen eine relative Stabilisierung der Politik mit sich brächte

- die Intensivierung des wissenschaftlichen und technologischen Fortschritts in ökonomischen und anderen Bereichen

- die rasche Produktions- und Exportentwicklung aufgrund der größeren Palette an Möglichkeiten, die der Türkei auf dem EU- Binnenmarkt und dem Weltmarkt eröffnen würden

- die positiv-fortschrittliche Entwicklung des Bildungs- und Erziehungswesen und der Administration

- die Freiheit zu mehr Individualität und Kreativität für den Menschen- insbesonder auch im Hinblick auf die Frauenrechte- sowie das Recht auf freie Organisierung und Politisierung der Klassen

- die Eindämmung des islamistischen Fundamentalismus

- die positive, progressive Veränderung der gesamten Gesellschaftsstruktur- das gilt für die Basis genauso wie für den Überbau

Vor-und Nachteile im allgemeinen

Daß die Türkei von einer EU-Vollmitgliedschaft Vorteile hätte, steht außer Frage. Doch auch die EU-Staaten trügen ihren Nutzen davon, und sei es zunächst nur durch die Erweiterung ihres Absatzmarktes. Die Kaufkraft der neuen, türkischen Marktteilnehmer- immerhin 60 Millionen- würde durch die Vollmitgliedschaft des Landes eklatant erhöht.

Doch auch für die Weltpolitik würde eine Integration der Türkei in die EU eine bedeutende Rolle spielen. Sie würde beitragen zu einem Brückenschlag zwischen westlich-christlicher und islamischer Welt. Das sind mit Sicherheit nicht alle Vorteile, die eine türkische EU-Vollmitgliedschaft mit sich brächte. Um diese im einzelnen herauszuarbeiten, wäre eine empirische Untersuchung notwendig.

Als Nachteil einer türkischen EU-Vollmitgliedschaft wird immer wieder die Freizügigkeit der türkischen Arbeitskräfte angeführt, die für die EU mehr Arbeitslosigkeit bedeuten würde. Ein Scheinargument, denn bei anhaltender Wohnungs- und Arbeitsplatzknappheit in den EU-Kernstaaten würde die Immigration aus der Türkei schnell abflauen.

Auch die finanzielle Belastung für die EU, die in etwa auf 5-6 Milliarden ECU geschätzt wird, würde sich kaum als Verlustgeschäft erweisen. Die EU hätte diese Investition aufgrund der Vorteile einer Vollmitgliedschaft in Kürze zurückerwirtschaftet.

Es stellt sich also immer wieder die Frage: Warum wird die Türkei als EU-Mitglied nicht akzeptiert. Warum gibt es so viele Hindernisse und Schwierigkeiten, wo doch beide Partner, EU wie die Türkei, so viele Vorteile davon hätten? Ein Grund ist, daß die EU-Länder und die USA die Türkei allein als Billiglohnland betrachten. Die EU bemüht sich vor allem um die Integration der EFTA-Staaten (Österreich, Skandinavien usw.), mit denen sie den Europäischen Wirtschaftsraum (EWR) gebildet hat.

5. Alternativen zur Vollmitgliedschaft?

Realistisch betrachtet, gibt es kaum eine Alternative zur EU-Vollmitgliedschaft der Türkei, vor allem nicht für die EU. Die einzige außer der EU-Integration akzeptable

Lösung wäre eine Block- und Bündnisfreiheit der Türkei von den westlichen Industrieländern (dies wohlgemerkt als Alternative für die *Türkei,* nicht für die EU). Die Neugründung einer eigenständigen, demokratischen Wirtschaftsunion mit anderen islamischen Ländern und Turk-Völkern sowie ein von dieser Gemeinschaft neuformierter, freier Binnenmarkt könnten Schlüssel sein für eine ernstzunehmende Konkurrenzfähigkeit der Türkei- und ihrer Unionspartner- auf dem Weltmarkt. Um auf Dauer bestehen zu können, müßte eine solche politische und ökonomische Gemeinschaft einen antiimperialistischen und antikolonialistischen Charakter haben.

Vor dem hintergrund der derzeitig bestehenden Abhängigkeit der islamischen Länder von den EU-Staaten, den USA und Japan jedoch muß eine solche wirtschaftliche und politische Emanzipation für die nähere Zukunft unrealistisch bleiben.

Nichtsdestoweniger muß man die Möglichkeit einer islamischen Union im Auge behalten. Denn wenn die EU weiterhin eine Vollmitgliedschaft der Türkei verhindert, wird die Abkehr der islamischen von der westlichen Welt immer akuter. Die Türkei wird gezwungen sein, ihr Augenmerk auf andere Bündnispartner zu richten- auf Partner, mit denen sie heute schon auf wirtschaftlicher Basis zusammenarbeitet. Folgende Organisationen sind in diesem Zusammenhang zu erwähnen:

1. RCD (Regional Cooperation for Development)

Im Jahre 1955 gründeten England, die Türkei, Pakistan, der Iran und der Irak den nach seinem Hauptsitz benannten Bagdad-Pakt (später CENTO). Nach dem Austritt des Irak (1959) verlegte man den Hauptsitz nach Ankara und benannte den militärischen Pakt in CENTO (Central Treaty Organization) um. Die CENTO hatte es sich zur Aufgabe gemacht, die Entwicklung ihrer Mitgliedsländer auf ökonomischer, militärischer wie kultureller Ebene zu fördern. Zu diesem Zwecke organisierten die Türkei, der Iran und Pakistan eine gegenseitige ökonomische Zusammenarbeit, die RCD (s.o).

In den 70er Jahren bemühten sich die RCD-Mitglieder um die Entwicklung einer Wirtschaftsgemeinschaft, was ihnen allerdings bis dato nicht gelungen ist. Zwar existiert die RCD noch heute, doch stehen politische und kulturelle Unvereinbarkeiten einer ökonomischen Union im Wege: die Türkei ist ein laizistisches Land, Pakistan und der Iran sind Religionsgesetzen unterworfen. Um die Basis für eine Gemeinschaft zu schaffen, müßte die Türkei von ihrem laizistischen Charakter Abstand nehmen.

2. OIC (Organisation der Islamischen Konferenz):

Die OIC wurde 1984 gegründet. Ihr ständiges Komittee für Wirtschaftszusammenarbeit (COMCEC) traf sich vom 14. bis 16. November 1984 zu seiner ersten Tagung in Istanbul. Teil nahmen unter anderem die Industrieminister der Islamischen Konferenz.

Am 4. bis 7. September 1991 fand die vierte Versammlung des OIC-Komitees statt. Zugegen waren die zuständigen Minister aus 45 islamischen

Konferenzmitgliedsländern. Das offizielle Regierungsorgan faßte die
Tagesordnungspunkte dieser Sitzung wie folgt zusammen:

*" Expertenversammlung: > Abkommen über Bevorzugung im Handel unter den
Mitgliedsländern<, >Versicherungsprojekt für regionale Exportkredite<,
>Gründung einer vielseitigen islamischen Clearing-Union<, >Projekt für ein
kommerzielles Informationsnetz der islamischen Länder< und
>Standortanpassung unter den OIC-Mitgliedsländern und Vorbereitungen
gemeinsamer Standorte< durgesehen und diskutiert.*

*In diesem Rahmen werden auch bereits ausgearbeitete Projekte für eine
Zusammenarbeit in Industrie, Handel und Verkehr überprüft und die bisher
erreichten Fortschritte bewertet."*[31]

3. Die Schwarzmeerzone:

Nicht zuletzt aufgrund türkischer Initiativen fand am 11. und 12. Dezember 1990
das erste Treffen über die Schwarzmeerzone in Ankara statt. Vertreten waren die
Türkei, Bulgarien, Rumänien und die UdSSR. Die Teilnehmerstaaten
beschlossen, Richtlinien für ihre Wirtschaftsbeziehungen auszuarbeiten. Orte der
zu diesem Zweck aufgenommenen Verhandlungen waren Bukarest (März 1990)
und Sofia (April 1990). Das Basisdokument sieht vor, die vorhandenen
Beziehungen zwischen den Schwarzmeer-Anrainern auf einen festen Sockel zu
stellen; d.h konkret: engere Zusammenarbeit der einzelnen Regierungen, freier
Verkehr von Gütern und Dienstleistungen und Erleichterung der
privatwirtschaftlichen Aktivitäten zwischen den betreffenden Ländern.[32]

Nach dem Zerfall der Sowjetunion haben die Schwarzmeer-Staaten ihre Treffen
wiederaufgenommen. Selbst Griechenland und die türkischen Völker der
ehemaligen UdSSR waren mit von der Partie.

Die oben erwähnten Ausführungen zeigen deutlich, daß die Türkei durchaus in der
Lage wäre, für sich Alternativen zur EU-Vollmitgliedschaft zu suchen. Sollte sie
weiterhin von der EU in der isolation belassen werden, wäre es nicht
verwunderlich, wenn die Türkei ihre Zusammenarbeitsbestrebungen in Richtung
der Schwarzmeer oder der islamischen Länder lenken würde. Ein solcher Weg
wäre - das ist zu bedenken - ein abenteuerlicher und gefährlicher. Letztendlich
dürfte eine dergestalt geartete Abkehr der Türkei von der westlichen Welt weder im
Interessse der EU noch im Interesse der Türkei selbst liegen.

Es ist nunmehr eine historische Herausforderung für die EU wie für die Türkei, ihre
demokratischen und fortschrittlichen Kräfte zu mobilisieren und die
Vollmitgliedschaft schnellstmöglich zu realisieren. Das ist ihre geschichtliche
Aufgaben, denn es geht um nicht weniger als um die Demokratisierung der Türkei.

---

[31]vgl. Newspot 10.Oktober 1991
[32] vgl. Newspot 16.März 1991

Die wesentliche Literatur dieser Arbeit:

-Milli Kurtulus Tarihi/ Dogan Avcioglu; Istanbul 1974

- Türkler ve Türk Devletleri Tarihi/ Kamuran Gürün; Ankara Bilgi Yayinevi 1984

- Türkei und Afghanistan-Brennpunkte der Orientpolitik im zweiten Weltkrieg/ Johannes Glasneck; Berlin 1968

- Kemal Atatürk und die moderne Türkei/ J. Glasneck; Berlin 1971

- CIA Kontr-Gerilla ve Türkiye/ M. Emin Deger; Ankara 1979

- Die Türkei von Atatürk bis heute/ Ergün Sönmez; Berlin Express Edition 1985

- Die Zeitschrift: *Info Türk*; 38 rue de Eburons 1040 Bruxelles

Bücher im VWB

Ümit C. Akpinar
Die türkische Klein- und Mittelindustrie.
Förderungskonzepte und mittelfristige Entwicklungsperspektiven
XIV + 234 S., ISBN 3-86135-003-3

Mustafa Bas
Alevitische Glaubens-Philosophie.
Eine kritische Auseinandersetzung mit den Dogmen des Islam
172 S., ISBN 3-927408-50-6

Beratung von Migranten. Neue Wege der psychosozialen Versorgung
Frank Nestmann/Thomas Niepel (Bearb.)
hrsg. v. d. Robert Bosch Stiftung
304 S., ISBN 3-927408-86-7

Mehmet Okyayuz
Entwicklung und Funktion staatlicher Ausländerpolitik in der Bundesrepublik Deutschland
157 S., ISBN 3-927408-32-8

Margit Stöber
Politisch Verfolgte genießen Asylrecht.
Positionen und Konzeptionen von CDU/CSU zu Artikel 16 Absatz 2 Satz 2 Grundgesetz – 1978 bis April 1989
160 S., ISBN 3-927408-48-4

Gaby Straßburger
Offene Grenzen für Remigranten. Wieder kehrwünsche türkischer Remigrantinnen un das deutsche Ausländerrecht
XIV + 112 S., ISBN 3-927408-83-2

Ilhan Tomanbay
Wie sozial ist die Türkei? Die Stellung der Sozialarbeit in der Sozialpolitik der Türkei
X + 291 S., ISBN 3-927408-39-5

Mehmet Metin
Medizinische Fremdwörter
Türkisch-Deutsch / Deutsch-Türkisch
48 S., ISBN 3-86135-006-8

Jörg Wegner/ali Durmus
Die Ausweisung von Ausländern mit verfestigtem Aufenthaltsstatus nach den neuen Ausländergesetz
132 S., ISBN 3-86135-008-4

Bitte fordern Sie unser kostenloses Verlagsverzeichnis an.
Postkarte genügt.

VWB - Verlag für Wissenschaft und Bildung
Amand Aglaster, Postfach 11 03 68, Markgrafenstr. 67
10969 Berlin • Tel. 030 - 251 04 15